고통에 공감한다는 착각

# 고통에 공감한다는 착각

이길보라
지음

The
illusion of
empathy for pain

창비
Changbi Publishers

# 단순하고 납작한 착각을 넘어설 때

어렸을 때부터였다. 오래된 빌라의 반지하층에 살 때 호떡을 팔러 나간 부모를 기다리며 내셔널지오그래픽에서 방영하는 다큐멘터리 프로그램을 시청했다. 동생은 만화영화를 보고 싶어했지만 리모컨은 두살 많은 나의 차지였다. 다큐멘터리 영화에는 반지하방 너머의 세상이 존재했다. 커다란 고래와 상어가 유영하는 깊고 무궁무진한 바닷속 세계, 중국으로부터의 독립을 주장하면서 고유한 문화를 영위하며 살아가는 티베트 사람들의 세상…

내가 발 딛고 있는 세계 너머를 보여주는 다큐멘터리 영화는 세상의 창이었고, 이들의 삶을 그린 르포·에세이 문학은 삶의 지도를 한뼘씩 넓혔다. 농인®부모는 나에게 직접 가보고 먹어보고 만져보고 만나보며 세상을 접하라고 가르쳤다. 그러지 못할 때는 논픽션 작품이 대신 보여주고 그려내며 간접적으로 경험하고 상상하게 했다. 그렇게 글을 쓰고 영화를 만드는 사람이 되었다. 글쓰기와 영화 만들기, 누군가는 서로 다른 두가지 일을 어떻게 하느냐고 물었지만 내게 그 둘은 아주 비슷하고 같았다. 나의 세계를 확장해나가는 도구이자 매체, 논픽션.

그걸 확신하게 된 것은 농인 사진가 사이토 하루미치의 책 『서로 다른 기념일』을 읽고 나서였다. 청인 집안에서 농인으로 태어나 일본어 음성언어 교육을 받은 저자가 농인 집안에서 농인으로 태어나 수화언어로 소통하며 자란 마나미를 만나고, 둘 사이에서 태어난 청인 자녀 이쓰키를 키우며 사는 이야기를 그린 에세이다. 저자가 이쓰키와 함께 장을 보러 간 때, 아이는 귀에 집게손가락을 대고 눈을 감으며 말한다. "음악, 있어!" 그러나 저자는 소리를 듣지 못하는 농인이다. 당황할 법하지만 저자는 이렇게 말한다.

"음악이 있구나, 이쓰키에게는. 엄마, 아빠, 음악 없어! 대신 음악을 봐."

---

* 농인은 청각장애인을 달리 이르는 말로, 수화언어를 일상적으로 사용하는 사람을 말한다. 음성언어를 중심으로 의사소통하는 사람을 청인이라 부른다. 청각장애를 병리적으로 대하는 관점을 거부하고 농인만이 가진 고유한 언어와 문화가 있음을 말해주는 용어다.

이쓰키는 그렇게 자신과 다른 세계에서 살아가는 부모의 세계를 처음으로 마주한다. 저자 역시 자신의 세계와 다른 세상을 살아갈 이쓰키를 바라본다. 그러나 그 순간은 슬프지도 안타깝지도 않다. 이쓰키는 음악을 듣고 사이토는 음악을 볼 뿐이다. 당신과 내가 다르기에 기쁘고 즐겁다고 말하는 저자는 서로의 다름을 마주할 때 아쉬워하는 것이 아니라 축하할 것을 제안한다. '다름'으로 확장될 세계를 기대하며 그 차이를 마주한 순간을 '서로 다른 기념일'로 삼자는 거다.

  책을 읽으며 진심으로 울고 웃었다. 가까이 있기에 제대로 보기 어려웠던 농인부모의 세계를 만났다. 청인 아이를 낳고 키우며 나의 부모가 마주한 세상은 어떤 것이었을지 이들을 통해 간접경험을 했다. 딸이자 감독의 시선으로 농인부모의 세상을 담은 다큐멘터리 영화 「반짝이는 박수 소리」를 만들고 동명의 책을 썼지만 한번도 되어보지 못했기에 알 수 없었던 농인부모의 이야기였다. 잠이 들기 전, 아이의 울음소리를 듣기 위해 이쓰키의 몸에 최대한 몸을 맞대고 잔다는, 그렇게 몸으로 소리를 듣는다는 저자의 이야기는 혹시라도 아이의 울음소리를 듣지 못해 아이가 죽을까 뜬눈으로 밤을 지새웠다는 엄마의 이야기, 보청기를 끼면 미세한 소리를 감지할 수 있어 퇴근 후 녹초가 된 몸으로 잔존청력에 의지해 울음소리를 들었다는 아빠의 이야기를 떠올리게 했다. 농인부모는 소리를 들을 수 없는 것이 아니다. 소리를 눈으로 보고 몸으로 듣는다. 소리는, 그렇게 온몸으로 듣는 것이다.

세상이 확장되는 기분이었다. 그동안 내가 농인부모 아래 태어난 청인, 즉 코다°로서 농사회와 청사회를 오가는 경험을 이야기했다면, 이 책은 농인의 시선에서 바라본 코다의 세상을 그린다. 둘은 비슷했지만 아주 달랐다. 코다가 기록하는 농인의 삶과 농인이 바라보는 코다의 삶은 '다름'으로써 두개의 세상을 연결하고 확장한다. 언젠가 나의 부모도 자신의 삶을 글로, 영상으로, 혹은 다른 매체로 담아낸다면 내가 그린 세계와 어떻게 비슷하고 다를지 궁금해졌다.

얼마 전, 자신의 경험을 글을 통해 풀어내고 있는 일본인 코다, 이가라시 다이를 만났다. 코다의 시각으로 바라보는 사회의 소수자 이야기를 기획 인터뷰로 연재하고 있는 그는 농인 부모에 대한 혐오와 분노를 품고 성장한 자신의 이야기를 연재 첫 글로 실었다.

"스무살 때였어요. 옷을 사러 나갔다 기차를 타고 돌아오는 길에 엄마와 수어°°로 대화했어요. 사람들이 다 쳐다봤지만

---

° CODA, Children of Deaf Adults의 줄임말로 농인의 자녀를 일컫는 말.

°° '수어'는 '수화언어'를 줄인 말로, 한국어나 영어와 같은 독립된 언어라는 의미를 담고 있다. 한국사회에서 '수화'라는 단어가 널리 사용되어왔으나, 2015년 수화를 한국공식언어로 제정하라는 내용의 '수화기본법' 운동이 시작되면서 '수화' 대신 '수어'라는 용어를 사용하게 되었다.

그냥 이야기를 했죠. 도착하자 엄마가 고맙다고 하더군요. 뭐가 고맙냐고 물으니 많은 사람이 보는 앞에서 수어로 이야기해주어 정말 기뻤다고 하고는 누가 쳐다볼까봐 빠르게 걸어갔어요. 저는 그만 멈춰서서 통곡하고 말았는데요. 그런 사소한 것에 기쁨을 느낄 정도로 엄마를 외롭게 했다는 걸 깨달았죠."

그러나 그는 연재를 계속하고 있는 지금도 자신의 정체성을 긍정하기 어렵다고, 가끔은 장애를 가진 부모와 차별로 가득한 사회에 대한 분노가 어지럽게 겹치곤 한다고, 아직 자신을 코다라고 자랑스럽게 말하지 못하는데 이런 내가 계속해서 글을 써도 되는 것인지 두렵다고 했다. 그는 일본사회에서 처음으로 자신의 경험을 책으로 출간한 코다였다. 코다의 다양한 정체성과 모습이 더 많이 드러나야 한다고 생각했던 터라 반가웠다. 모든 코다가 자신의 농인부모와 코다 정체성에 긍정적일 수는 없다. 다름에 대한 몰이해와 차별이 존재하는 비장애인·청인 중심 사회에서 다름을 수용하기란 쉽지 않기 때문이다.

"저는 어렸을 때부터 부모의 장애를 전면적으로 드러내기를 택했어요. 그래야 살아남을 수 있다고 판단했거든요. 부모가 장애인이지만 행실이 바르고 공부를 잘하면 오히려 칭찬받는다는 걸 경험을 통해 깨달았고, 그렇게 살기를 전략적으로 택했어요. 어쩌면 지금도 코다 정체성을 드러내며 창작하는 건 그래야 유리하다고, 살아남을 수 있다고 판단했기 때문일지도 몰라요."

나는 내면의 방황과 고민을 내보이는 것이 오히려 다른 코다에게 도움이 될 수 있다고 덧붙였다. 왜냐면 세상에는 긍정적인 정체성을 확립한 코다보다 과도기에 머무르거나 부정적인 인식을 갖고 있는 코다가 더 많을 테니까. 코다 정체성에 관한 다양한 이야기를 들을 수 있는 사회라면 '이런 나도 코다구나' 하며 안도감과 소속감을 갖는 코다가 늘어날 테니까.

그의 눈에 혹은 그를 바라보는 내 눈에 눈물이 고였다. 다이는 할아버지 장례식 풍경에서 펼쳐진 일을 코다의 시선으로 담은 책 『실수투성이 가족(しくじり家族)』을 출간했으며 농인 어머니와 코다인 자신의 관계를 그린 에세이를 엮어 냈다. 그의 글은 일본과 한국에서 코다로 산다는 건 크게 다르지 않음을, 그러나 코다라고 다 같은 정체성을 가지지는 않는다는 걸 보여준다. 우리는 농인부모에게서 태어나 수화언어와 음성언어를 습득하며 두 사회를 오가며 자라지만 스스로를 정의하는 방법과 내용은 조금씩 다르다. 코다라고 해서 다 같은 이야기를 가지고 있는 것이 아님을, 코다의 시선에서 바라본 농인의 세계와 농인의 시선에서 바라본 코다의 세계가 같지 않음을 보여준다. 당신의 세계가 나의 것과는 다르고 그렇기에 이는 충분히 기념하고 축하할 만한 것이라고 말이다.

다큐멘터리 영화와 르포·에세이 문학을 지도 삼아 세상

을 바라보는 법을 익혀왔다. 좋은 작품들은 다름과 상실, 고통이 부정적인 의미로만 쓰이지 않는다는 걸 가르쳐주었다. 고통을 납작하게 바라보기보다는 고통을 받아들이고 그것이 가져다주는 가치를 배웠다. 고통에 공감한다는 단순하고 납작한 착각을 넘어설 때 비로소 더 넓고 깊은 세계를 만날 수 있다. 나는 이것이 지금의 한국 사회에 꼭 필요한 시각이라고 믿는다. 그리하여 기쁘게 소개한다. 나의 세계를 끊임없이 확장해내는 논픽션의 세계를, 논픽션을 통해 바라본 세계의 이야기를, 그로 인해 넓어질 우리의 세계를.

# 차례

나를

만든

세계

# 장애의 역사가 곧 나의 역사다

  4학년 1반으로 전학했다. 학년당 한 학급만 있는 시골 학교였다. 누가 누군지, 누구의 동생인지, 어디 사는지, 부모님은 누군지 다 알았다. 빠르게 적응하여 부반장, 반장, 전교부회장, 전교회장을 했다. 엄마가 학교에 오면 교무실로 불려 갔다. 통역을 해야 했기 때문이다. 선생님은 미안해하는 표정을 지었고 엄마는 당연한 듯 굴었고 나는 귀찮은 표정을 숨겼다. 우리 집 사정은 모두가 다 알았다. 담임선생님, 친구들, 친구들 부모님은 보라네 부모님이 농인이라는 걸, 통역을 필요로 한다는 걸, 노점 장사를 한다는 걸, 형편이 넉넉지 않다는 걸 알았다. 전교회장의 학부모는 자연스럽게 학부모대표가 되었지만 우리 집은 예외였다. 친구들의 부모님은 보라네 대신 우리가 도맡자며 일을 나눴다. 학부모 모임이 열리면 나는 또 불려 갔다. 어색하게 앉아 수어를 음성언어로, 음성언어를 수어로 옮겼다. 솔지네 엄마가 말했다.

"엄마들끼리 놀 거니까 가서 친구들이랑 놀아."

"왜요? 우리 엄마 무슨 말인지 못 알아듣는데."

나는 곤란한 표정으로 말했다.

"에이, 필요 없어. 우리가 다 할 수 있어!"

솔지네 엄마는 내 등을 떠밀었다. 그날 밤, 엄마는 알싸하게 취해 돌아왔다. 기분이 좋아 보였다.

"엄마, 말하는 사람들이랑 노래방 갔다 왔어? 재밌었어?"

엄마가 청인들과 어떻게 노래방에서 놀았는지 수수께끼였지만 즐거워 보였다. 생각해보면 그 엄마들은 어딘가 좀 이상했다. 솔지네 엄마는 김밥을 말아 납품하는 일을 했는데 '정상의 몸'을 가지고 있으면서 왜 그렇게 우리 엄마와 허물없이 지내는지 알 수 없었다. 영권이네 엄마는 정말이지 훌륭한 순대볶음을 파는 분식집을 운영했다. 사고로 한쪽 다리를 절었는데 어떤 요리든지 척척 해내고 오토바이로 직접 배달도 하면서 영권이와 발달장애가 있는 둘째 아들을 먹여살렸다. 나보다 늦게 전학 온 광구는 잘난 척이 심했지만 웅변을 잘하는 엉뚱하고 재밌는 친구였다. 같은 아파트에 살았는데 어머니는 치병 중이라 매번 누워 계셨다. 아라네 부모님은 이혼했는데 아버지는 정말이지 도시 사람 같았다. 키도 크고 스타일도 근사했다. 유리네 집은 그중 가장 '정상'적인 집이었는데 유리는 말했다. 엄마의 기대치가 커서 힘들다고, 보라네가 부럽다고. 혜정이 엄마는 딸 친구가 놀러온 건 처음이라면서 반색하며 닭을 잡았다. 철훈이와 돈승이네 엄마는 그 누구보다 나를 예뻐하는 멋진 어른이었다.

그들 사이에서 우리 부모는 '장애인'이 아니었다. '보라네 부모님'이었다. 친구들은 와플과 풀빵을 파는 엄마와 아빠에게 인사하며 수어를 배웠다. 안녕하세요, 저는 유리예요, 저는 아라예요. 매일같이 자전거를 타고 마을을 쏘다니며 놀았다. 그렇게 초등학교를 졸업하고 시내에 있는 중학교에, 다른 도시에 있는 고등학교에 진학했다. 내가 속한 공동체의 규모가 커지면 커질수록 부모님의 얼굴은 사라졌다. 눈썹과 얼굴 근육을 움직여 말하는 '보라네 부모님'이 아니라 가정 설문지 내의 '고졸' '자영업' '특이사항: 청각장애인'이 되었다.

*

미국의 장애역사를 서술한 책 『장애의 역사』는 북아메리카 토착민사회의 풍경을 묘사하는 것으로 시작한다. "거의 모든 토착민이 수어를 어느 정도 사용했고, 서로 다른 구어를 가진 부족들은 수어를 이용해 소통했다"고, 그곳에는 장애의 역사가 존재하지 않았다고 말한다. 돌봄을 중심으로 살아왔던 토착민은 다른 몸과 정신을 '장애'로 규정하지 않았다. 유럽인이 북아메리카를 식민화하면서 '정상적인 몸'에 대한 기준이 생겼다. 노동을 할 수 있는 몸이 살아가기에 적합하고 시민권을 행사할 자격이 있는 몸이라고 여겨졌다. 기준에 부합하지 않는 몸들은 숨겨지거나 전시되거나 수용되거나 죽임을 당했다. 미국으로 향하는 노예선에서 장애가 있거나 병이 든 몸은 상품가치가 떨어진다는 이유로 바닷속으로 버려졌다. 식인 상어의 밥이 되었다.

산업화는 장애를 적극적으로 만들어냈다. 공장가동속도를 맞출 수 없는 몸은 일할 수 없었고, 속도에 맞춰 일할 수 있는 몸은 산업재해로 인해 아픈 몸이 되거나 장애의 몸이 되었다. 그 사이에서 이상한 몸들은 '프릭 쇼(Freak Show)'*라는 이름으로 전시되었다. 사람들은 정상과 비정상의 경계를 가르기 위해 기꺼이 돈을 내고 구경했다. 19세기 중후반 미국의 여러 도

---

* 기형쇼라고도 부른다. 생물학적으로 희소한 무언가를 전시하는 행위로서 특정 신체 부위가 비정상적으로 크거나 작은 신체 이형을 가진 사람이나 장애인, 남성과 여성의 성징을 모두 가진 사람, 희귀한 병에 걸린 사람 등이 전시 대상이 되었다. 17세기 중반 영국에서 시작되어 18세기까지 영국과 미국에서 가장 인기 있는 엔터테인먼트 장르였다. 오늘날에는 인권을 유린한다는 이유로 금지되고 있지만 여전히 기형쇼가 이루어지고 있는 곳도 있다.

시에서는 흉한 외모를 가진 사람들이 공공장소에 나오는 것을 금지하는 법 '어글리 로'(Ugly Law)가 만들어졌다. 인류를 유전학적으로 개량해야 한다는 믿음으로 우생학이 퍼졌고, 장애인은 강제단종의 대상이 되었다. 시설에 분리수용되었고 학살의 첫 번째 대상이 되었으며 강제 불임수술을 당했다.

이후 장애인을 위한 캠프 '제네드'가 등장한다. 버락 오바마 전 대통령과 미셸 오바마가 총괄제작하고, 2021년 미국 아카데미상 후보에 오른 넷플릭스 오리지널 다큐멘터리 영화 「크립 캠프: 장애는 없다」는 1951년부터 1977년까지 미국에서 열렸던 10대 장애인들의 여름 캠프 제네드를 그린다. '장애인'이라는 이름으로 분리수용되거나 장애를 극복해야 한다는 말을 들으며 자랐던 장애인들은 제네드에서 천국을 경험한다.

"여자 캠프 지도교사가 처음으로 키스하는 법을 가르쳐줬어요. 제 생애 최고의 물리치료였죠!"

뇌성마비 장애인 닐 제이컵슨은 비장애인 중심 사회에서 장애인은 성적인 대상으로 여겨지지 않지만 제네드에서는 아니었다고, 그곳에서 키스하는 법을 배우고 데이트를 하고 여자친구를 사귀었다고 설레는 표정으로 회고한다. 크립(Crip)●, '불

● Crip은 Cripple(불구자)이라는 단어에서 나온 속어로서 모멸감을 주는 단어로 사용되어왔다. 1960년대에 시작된 장애인권리운동에서 '장애 자부심'이라는 개념이 생기면서 사회가 장애인에게 강요한 수치심을 벗기 위한 운동이 생겼

구'의 몸들이 서로 도와 수영을 하고, 휠체어에 탄 채 야구를 하고, 기타를 치고, 토론을 한다. "너 어디 아파?"라고 이상한 표정으로 물어보는 것이 아니라 서로가 필요한 것을 채우고 돕는다. 누군가의 말이 느리다면 천천히 듣고, 못 알아듣겠다면 알아듣는 누군가가 통역하기를 기다린다. 무엇을 어떻게 먹을지 전체 구성원이 모인 회의에서 토론을 통해 결정한다.

비장애인 중심 사회에서 모든 결정은 비장애인의 몫이었다. 그러나 이 캠프에서의 모든 결정권은 불구의 몸들에게 있다. 이곳에서 불구는 더 이상 혐오의 말이 아닌, 자긍심의 말로 변환된다. "그래, 네 말이 맞아. 나 불구야. 그래서 뭐?"라고 받아치는 법을 배운다. 장애·환경·퀴어·노동·페미니즘 활동가이자 작가인 일라이 클레어는 저서 『망명과 자긍심』에서 "자기혐오를 자긍심으로 바꾸는 일은 근본적인 저항 행위"이며 "우리가 죽길 원하는 자들의 권력을 약화시키는 행동"이라고 말한다.

캠프 제네드에서 성장한 이들은 장애운동가가 되어 1972년 10월 뉴욕 매디슨가에서 차도를 점거하고 시위를 벌인다. 장애인에게 동등한 직업과 교육의 기회를 제공하고 차별을

---

다. 그러한 맥락하에서 장애 당사자를 수치스럽게 하는 데 사용한 단어를 되찾기 시작했다. 장애인을 비하하는 말로 쓰였던 Crip을 전유하여 장애인 당사자, 내부자를 일컫는 말로 그 의미를 전복했다.

금지하는 재활법을 만들 것을 요구한다. 여러차례의 시위와 집회 끝에 1973년 9월 재활법 504조가 통과된다. 그러나 비용이 많이 든다는 이유로 시행되지 않는다. 이에 분노한 장애운동가들은 1977년 4월 워싱턴시와 전국 10개의 보건교육복지부 사무실에서 시위를 벌인다. 샌프란시스코에서는 장애인 120명으로 구성된 시위대가 보건복지부 건물을 점거한다. 연좌시위를 이어가자 FBI는 전화선을 끊는다. 혼란에 빠진 이들에게 농인들이 말한다.

"걱정하지 마, 우리에게는 전화선이 필요 없어."

농인은 창가에 서서 밖에 있는 이와 수어로 현재 어떤 상황이고 무엇이 필요한지 소통한다. 마치 슈퍼히어로 영화에서 위기가 닥치자 초능력을 발휘하는 주인공 같다. 다른 시민권단체들은 활동보조가 필요한 장애인들이 차가운 맨바닥에서 목숨을 걸고 잠을 자며 시위를 하고 있다는 소식을 듣자 다른 연대의 손을 내민다. 『장애의 역사』에 따르면 게이 단체 나비여단은 보건복지부의 전화선이 끊기자 무전기를 밀반입했다. 멕시코계 미국인인 치카노 운동가들과 약물이용자 그리고 전과자들의 풀뿌리 조직인 딜란시 스트리트는 종종 음식을 가져다주었다. 미국의 급진적 흑인운동단체인 블랙팬서는 따뜻한 식사를 매일 제공했다.

연좌시위는 25일 동안 이어졌다. 이들은 꼭 10대 시절의 여름 캠프 제네드 같았다고, 제네드에서 배웠던 것처럼 수어통역사 없이는 절대로 회의를 시작하지 않았으며, 서로의 의견을 경청하고 연대하며 우리만의 '장애인 세계'®를 만들어나갔다고 회고한다. 지도부는 의견을 관철하기 위해 워싱턴으로 향하고, 전국 언론의 관심을 받는다. 마침내 정부는 장애에 따라 차별해서는 안 된다는 강제조항에 서명한다. 제네드에서 배운 자유와 평등의 경험은 당사자 스스로 재활법 504조를 만들고 시행해내는 바탕이 된다.

*

제네드에서 처음 키스를 배웠다고 고백한 닐 제이컵슨은 같은 뇌성마비 장애를 가진 파트너와 결혼하여 아이를 낳는다. 전동 휠체어 뒤에 매달려 "자, 출발!" 하고 외치는 아이와 신나게 달리는 장면 뒤로 그는 말한다.

"인생을 통틀어 내 장애를 신경 쓰지 않는 사람은 내 아들 데이비드가 처음이었어요. 나는 아빠예요, 데이비드의 아빠."

전동 휠체어를 타고 조금 느리게 말하는 부모 사이에서 태어난 데이비드의 모습과 나의 모습이 겹쳐졌다. 농인부모에게

---

● 김초엽·김원영『사이보그가 되다』, 사계절 2021.

서 청인으로 태어난 나에게 부모는 장애인이 아니었다. 부모는 나에게 수어를 가르쳤고, 나는 눈을 마주치며 사랑하는 법을 배웠다. 그것이 '장애'가 된 건 입으로 말하는 사람들을 만나면서부터다. 비장애인 중심 사회는 농인부모의 얼굴을 쳐다보지 않고 고개를 돌려 표정을 찌푸렸다. 제네드를 보며 내가 자란 작은 마을을 떠올린다. 그곳에서 나의 부모는 불구가 아닌, 와플과 풀빵을 굽는 사람이었다. 그곳에는 장애가 없었다.

언젠가 아빠는 말했다. 다시 태어나도 수어를 사용하는 자랑스러운 농인으로 살겠다고. 아빠의 그 말처럼, 나 역시 다시 태어나도 불구의 역사 속에서 당신의 딸인 코다로 살고 싶다. 이것이 나의 역사다. 우리에게는 더 많은 데이비드가, 더 많은 캠프 제네드가, 더 많은 코다가, 비장애인 중심으로 편찬된 역사가 아닌 장애의 역사가 필요하다.

# 견고하고 완전한 때로는 불완전한

아빠와 함께 미국 워싱턴 D.C.에 갔을 때였다. 농인의 천국이라 불리는 갤로뎃대학(Gallaudet University)의 공용어는 미국수어(American Sign Language)다. 학교의 재학생은 청인이 반, 농인이 반인데 수어가 공용어인 만큼 언제 어디서나 수어만을 사용해야 한다. 음성전화가 오더라도 사람들 앞에서 받을 수 없다. 숨어서 받거나 영상통화 혹은 문자메시지를 통해 소통해야 한다. 소리를 들을 수 없는 농인 앞에서 음성통화를 하는 건 정보로부터 농인을 소외시키기 때문이다(청인은 청각을 통해 많은 정보를 습득한다. '귀동냥'이라는 단어를 생각해보자). 그렇기에 학교의 모든 구성원은 수어에 능숙하다. 학생, 교수, 교직원뿐 아니라 청소노동자, 경비노동자도 수어를 사용한다.

한국수어를 사용하는 한국 농인인 아빠와 한국수어를 1차 언어로 습득하며 자란 코다인 나는 '한국에서 왔어요'라는 미국수어 외에는 아는 말이 없어 통역이 필요했다. 그러나 불편하지 않았다. 왠지 모르게 편안했다. 수어와 농인이 중심이 되자 세상이 180도 다르게 펼쳐졌다. 공간을 구성하는 방식과 규칙이 달라졌다. 갤로뎃대학에는 사방이 막혀 앞을 볼 수 없는 폐쇄형 엘리베이터가 아닌, 어디쯤 와 있는지 확인할 수 있도록 유리창으로 마감된 엘리베이터가 있다. 건물 외벽이 통유리로 되어 있어 건물 안과 밖에서 얼굴을 마주 보고 수어로 대화할 수 있다. 내부는 열린 홀 구조로 설계되어 1층과 2층, 3층에 있는 사람들이 서서 소리를 지르지 않고도 점잖게 이야기를 나눌 수 있다.

　수어는 서로의 얼굴을 마주 보아야 하는 언어라 수어를 사용하며 걷다보면 전봇대에 부딪치기도 하고 턱에 걸려 넘어지기도 한다. 이를 방지하기 위해 계단이나 턱, 전봇대 등에 색깔을 더해 공간의 변화를 시각적인 정보로 알린다. 비상상황이 발생할 경우 경보음이 울리는 것이 아니라 학교 곳곳에 설치된 비상등이 깜빡인다. 문을 두드려 소리를 내는 노크를 하는 것이 아니라 강의실 밖에 설치된 버튼을 누른다. 그러면 강의실 내부에 설치된 등이 깜빡거리며 주의를 환기한다. 강의실 의자는 앞을 향해 일자형으로 놓여 있지 않고 서로의 얼굴 표정과 수어를 볼 수 있도록 동그랗게 배치되어 있다.

　이곳에서 농인은 배울 권리를 가진다. 엄연한 종합대학이라 전공도 영화부터 시작해 수학, 건축, 철학, 사회학, 생물학, 미국수어까지 다양하고, 학사는 물론 석·박사 학위도 딸 수 있다. 갤로뎃대학에서 농학(Deaf Studies)을 전공하고 졸업 후 교직원으로 일하는 한국 농인이 학교를 소개시켜주다 누군가를 불러세웠다. 깔끔한 세미 정장 차림의, 세련돼 보이는 여성이었다. 그는 자신을 이 학교의 교수라고 미국수어로 소개했다. 아빠와 나는 물었다. "실례지만 혹시 농인인가요?" 그는 당연하다는 듯 고개를 끄덕였다. 농인 여성도 이렇게 멋진 옷을 입고 교수라는 직업을 가질 수 있다니. 완전히 다른 세상이었다. 농인도 공부할 수 있고, 어떤 직업이든 가질 수 있는 세상. 농인과 수어가 중심이 된다면 또 다른 세상이 펼쳐짐을 확인할 수 있었다.

\*

　넷플릭스 시리즈 「데프 U」는 이 놀라운 세상, 갤로뎃대학을 다니는 실제 대학생을 중심으로 한 8부작의 쇼트폼 다큐멘터리(Short-form Documentary)다. 제작자는 졸업생이자 미국 텔레비전 시리즈 「댄싱 위드 더 스타(Dancing with the Stars)」에서 상을 받고 모델로도 활동하는 농인 나일 디마르코다. 청인의 시각으로 농인의 세상을 그리는 것이 아닌, 농인 제작자가 직접 농사회와 농문화를 그린다. 작품은 서로의 수어 이름을 소개하는 것으로 시작한다. 농사회에는 수어 이름이 있다. '이길보라'를 지칭할 때 ㅇ, ㅣ, ㄱ, ㅣ, ㄹ, ㅂ, ㅗ, ㄹ, ㅏ라고 일일이 지문자*를 쓰면 느리고 비효율적이기에 사람의 외양이나 특징을 본떠 수어 이름을 만든다. 가령 미국 전 대통령 트럼프가 당선되었을 때 청인들은 영어 철자로 T, R, U, M, P라고 불렀지만 대다수의 미국 농인은 이마 위에 오른손을 바깥으로 앞쪽으로 향했다가 안쪽으로 가져다대는, 앞머리 가발을 상징하는 수어 이름으로 트럼프를 불렀다.

「데프 U」에는 같은 농인이지만 다른 정체성을 가진 농인 학생들이 등장한다. 수어로 대화할 때 소리를 내지 않고 미국 수어로만 말하는 농인도 있고, 입 모양을 움직여 음성언어로 말하며 동시에 수어를 사용하는 농인도 있다. 농인들끼리 있을 때는 굳이 음성언어를 사용할 필요가 없지만 다큐멘터리를 촬영하는 청인 제작진과 청인 관객을 위해 음성언어를 섞어 쓰기도 한다. 다양한 인종과 문화가 섞인 미국이기에 주인공들은 피부색이 다르고, 에피소드에서도 그에 따른 차이를 부각한다.

---

• 손가락으로 어떤 모양을 지어, 이를 부호로 한 문자.

백인 농인 여성이 지하철에서 "방금 안내방송에서 뭐라고 했어?"라고 묻자 한쪽 귀로는 소리를 들을 수 있는 흑인 주인공은 이렇게 말한다. "모든 백인은 지금 당장 이곳에서 내리세요." 잔존청력의 유무뿐만 아니라 피부색이 무엇인지에 따라 차별의 모양과 모습이 달라짐을 말해준다.

같은 농인이라도 인종, 사회적 계급, 잔존청력 유무, 사용하는 언어에 따라 다른 정체성을 지닌다. 시리즈에서는 '농인 엘리트'와 그렇지 않은 이들 사이의 갈등을 주요하게 다룬다. '농인 엘리트'라고 하면 사회적 계급에 따른 상위계층 혹은 백인 농인을 뜻할 것 같지만 전혀 아니다. 농인 엘리트는 농인부모에게서 태어나 수어를 1차 언어로 습득한 농인을 말한다. 청인의 시선에서 본다면 '뭐? 장애가 유전된다고? 부모도 안 들리는데 자식도 안 들린다고? 정말이지 너무나 불쌍하군!' 하고 생각할 법하지만 미국 농사회에서 이들은 엘리트다. 어렸을 때부터 부모와 같은 언어로 소통하고 자신과 같은 언어와 문화를 향유하는 집단에서 자라나며 그에 따른 네트워크를 자연스럽게 습득한다. 청인 부모에게서 태어나 수어를 늦게 습득하거나 구어(상대방의 입술 모양을 읽어 소통하는 방식)를 통해 소통하거나 1차 언어가 수어가 아닌 농인은 농인 엘리트 사이에 자연스럽게 섞이기 어렵다. 농인 엘리트에 비해 수어를 잘하지도 못할뿐더러 농사회 인맥도 상대적으로 좁기 때문이다.

농사회를 통해 바라보는 농문화는 그 자체로 온전하다. 농인만의 고유한 언어인 수어로 만든 문학을 수어문학이라 부르는데 농인의 내러티브를 농인의 언어를 통해 여러 이야기 형식으로 만든 작품을 뜻한다. 그중 수어시(Sign Language Poetry)는 수어의 어휘와 문법을 사용하는 동시에 수어를 사용하는 방식과 표현을 매번 새롭게 창조하는 작품이다. 「데프 U」의 주인공 중 하나는 사랑하는 애인을 위해 수어시를 발표하겠다며 무대에 선다. 말 그대로 '온몸으로' 좌중을 휘어잡는다. 입 모양만을 움직여 낭독하는 것이 아닌, 얼굴 표정과 몸동작이 합쳐진 방식으로 시를 표현한다. 수어가 고유하고 완전한 하나의 언어이며 문학이 되고 문화를 형성한다는 것을 보여준다. 견고하고 온전한 세계다.

*

얼마 전, 『반짝이는 박수 소리』의 일본어판 출간을 맞아 라디오 방송에 출연했다. 진행자는 농문화에 대해 잘 몰랐는데 수어를 사용하는 농인은 그 자체로 아름다운 것 같다며 정말 대단하다고 치켜세웠다.

농인의 세계는 아름답지만 그렇지 않기도 하다. 청인의 세계가 아름답지만은 않은 것처럼 농인의 세계에도 좋은 것, 나쁜 것, 기쁘지만 슬픈 일, 속상하고 안타까운 일이 공존한다. 『반짝이는 박수 소리』에서 나는 갤로뎃대학을 또 하나의 놀라운 세계로 그렸지만 「데프 U」는 그 실상을 정확하게 짚는다. 시리즈의 첫번째 에피소드 시작 부분이 그렇다. 농인 레즈비언 커플이 서로의 몸을 쓰다듬으며 꿀이 뚝뚝 떨어지는 눈빛을 보낸다. 청인은 몸을 기대고 서로의 눈을 보지 않은 채 사랑한다고 속삭일 수 있지만 농인은 그럴 수 없다. 하고 싶은 말이 있으면 몸을 떼고 손이 움직일 수 있는 거리와 손을 볼 수 있는 공간을 두어야 한다. 주인공은 말한다.

"저는 남자를 만날 때도 있고 여자를 만날 때도 있는데 남자들은 진짜 별로거든요. 그런데 여자는 정말 HOT! 뜨거워요!"

레즈비언 커플을 등장시키고 섹스에 대한 이야기를 직설적으로 내보임으로써 당신(비장애인 이성애자)이 예상하는 대로 착하게만 굴러가지 않을 것임을 짚는다. 작품은 갤로뎃대학이라는 농사회가 얼마나 아름답고 견고한 곳인지를 설명하기보다는 더 큰 편견에 맞서기를 택한다. 주인공을 중심으로 펼쳐지는 연애, 인간관계, 우정, 사랑, 섹스, 가족, 가십 등 지극히 평범한 이야기를 작품의 소재로 삼으며 농사회라고 청사회와 달리 아름답기만 한 것이 아니라는 걸, 착한 장애인도 나쁜 장애인도 존재한다는 걸 가감 없이 보여준다. 종종 수어를 모르는 청인 앞에서 수어로 욕을 하거나 장난을 치는 농학생도 등장한다. 청인은 무슨 말을 한 거냐며 당황한다. 들리지 않는 농인 앞에서 "어머, 안 들리나봐" "귀머거리네" "불쌍하기도 하지"라고 말하며 혀를 차는 청인의 행동을 미러링하는 행위처럼 보인다.

라디오 방송 진행자의 말에는 이렇게 답했다.

"저는 농인 부모님의 세상이 견고하다고 생각해요. 그러나 그 사회가 항상 밝고 아름답기만 할 거라고 생각하는 건 위험해요. 실제로 농인이 농인을 대상으로 범죄와 사기 행위를 벌이기도 하고, 계모임을 하다 도망치는 일도 벌어지죠. 누군가를 대상화하여 무조건적으로 아름다울 거라고 믿는 건 또 하나의 선입견이 아닐까요? 착한 장애인만 존재해야 한다는 그런 통념 말이에요."

「데프 U」는 편견을 완전히 무너뜨린다. 책『반짝이는 박수 소리』를 쓰고 동명의 영화를 만들 무렵에는 한국사회에 농인과 농문화, 코다가 많이 알려지지 않은 때라 농문화의 반짝임을 부각했다. 그러나 '농문화의 천국'인 갤로뎃대학에도, 농사회에도 반짝이지 않는 순간이 존재한다. 어둠이 있어야 빛이 있는 것처럼, 우리 삶의 아주 평범한 모습까지도 숨기지 않고 드러내기를 택함으로써 이 작품은 '장애'에 대한 청인의 편견에 정면으로 맞선다.

## 어떤 몸을 중심으로 세계를 설계할 것인가

　눈앞에서 접촉사고가 났다. 연말연시라 기분 낸다고 크리스마스 케이크를 사서 돌아오는 길이었다. 엄마는 주차공간이 좁으니 먼저 내리라고 수어로 말했다. 나와 동생은 고개를 끄덕이고 짐을 챙겼다. 차에서 내려 문을 쾅 닫았다. 차가 흔들렸다. 엄마는 진동을 통해 몸으로 신호를 감지했다. 아차, 케이크를 들고 내리지 않은 걸 깨달았다. 황급히 문을 열었다. 상자를 향해 손을 뻗는데 갑자기 차가 움직였다. 동생과 나는 어어, 하고 동시에 소리쳤다. 엄마는 후방을 응시하며 차를 후진했다. 나는 소리를 지르는 대신 팔을 머리 위로 크게 움직였다. 여기 보라고 목소리로 말하는 것이 아니라 팔이나 몸을 크고 빠르게 움직여 신호를 주는 시각적 소통방식이었다.

하지만 엄마의 시선은 차 뒤쪽에 고정되어 있었다. 차문이 열려 있는데 모르진 않을 거란 생각에 달려가 차체를 두드려 진동으로 신호를 주지는 않았다. 엄마는 상황을 파악하지 못하고 그대로 후진했다. 옆에 주차된 차량에 열린 문이 걸렸고 차체 외부가 긁히는 소리가 났다. 그제야 엄마는 진동을 느끼고 브레이크를 밟았다. 고개를 돌려 앞을 바라봤다. 나와 동생은 이해할 수 없다는 표정을 지었다. 손을 거칠게 부딪치며 말했다.

"문 열려 있는데 왜 후진하냐고. 운전 못해, 왜? 바보냐고!"

사실 그건 내 잘못이었다. 엄마에게 신호도 주지 않고 차문을 열었으니까. 엄마는 문이 닫히는 소리를 몸으로 감지하고 계획대로 후진했을 뿐이다. 나는 엄마의 운전미숙을 탓하며 옆 차에 적힌 번호로 전화를 걸었다.

"죄송해요, 저희 엄마가 소리를 들을 수 없는 청각장애인이라 실수를 했어요."

＊

운전면허를 늦게 땄다. 그동안 필요성을 느끼지 못했고 운전학원 특유의 남성 중심적인 분위기 때문이기도 했다. 여성의 사회적 역할이 커지고 미투(#MeToo) 운동을 비롯한 페미니즘 운동이 확산되면서 이전보다는 다니기 낫다는 이야기를 듣고 면허를 따기로 했다.

　먼저 교통안전교육을 이수하고 신체검사를 하고 필기시험이라고 부르는 학과시험을 치러야 했다. 자동차를 운전하는 데 필요한 기본적인 조작법과 주행교육을 받고 장내기능시험에 합격하면 도로주행교육을 이수하고 최종시험을 보는 순서였다. 단기간에 효율적으로 스트레스를 덜 받으며 면허를 딸 수 있는 방법을 궁리했다. 접수처 직원에게 여성강사가 있는지 물었다. 여성은 운전을 잘하지 못한다는 성차별적인 인식이 있는 사회에서 어린 여성으로서 나이 많은 남성강사에게 운전교육을 받기보다는 여성강사에게 받고 싶었다. 생물학적 성별이나 연령이 차별행위나 혐오발언의 가능성을 결정하는 것은 아니지만 여성강사인 쪽이 마음 편하고 안전할 것 같았다. 그러나 여성강사는 두명뿐이었다. 예약이 꽉 차 있어 몇주는 기다려야 한다고 했다. 별수 없이 남성강사에게 교육받기로 했다.

　장내기능시험을 위한 교육을 받는 날, 강사는 자꾸만 반말을 하며 위압적인 분위기를 조성했다. 잘 모르니까 학원에 다니는 건데, 그것도 모르냐며 자꾸 반말을 했다. 아무리 한국사회에 연령 위계가 있다지만 상호가 동의하지 않은 상황에서 경계를 넘나들어서는 안 된다. 교육이 끝나자마자 접수처로 달려갔다. 강사를 바꿔달라고 요청했다. 서른한살이 반말 들을 나이는 아니지 않냐며 불만사항을 토로했다. 직원은 나이에 상관없이 교육 중에 반말을 해서는 안 된다며 내용을 접수했다.

교체된 강사에게 다시 교육을 받았다. 좀 툴툴대긴 했지만 수강생에게 애정이 있는 강사였다. 적당히 맞장구를 치며 수업을 이수했다. 도로주행을 할 때 다른 운전자를 향해 "운전 왜 저래? 보나 마나 아줌마 운전자일 것"이라고 말한 것만 빼면 괜찮았다. 그건 여성혐오 발언이라며 항의해야 했지만 시동 걸고 기어 조정하고 깜빡이 켜고 좌우를 확인하며 목숨을 부지하느라 미처 따지지 못했다.

＊

트럭 모는 멋진 여자가 되기 위해 1종 보통면허 교육과정을 신청했다. 기어를 바꿀 때마다 시동이 꺼질까 노심초사했다. 클러치와 브레이크, 액셀 페달의 위치도 헷갈리는데 기어변속도 조정해야 한다니. 그 와중에 신호등도 확인해야 하고 길도 외워야 하고 차선도 바꿔야 했다. 능숙해지기에는 교육시수가 짧았다. 4시간의 장내기능교육과 6시간의 도로주행교육을 받고 각각 시험을 치러야 했다.

쉽지 않았다. 용어도 어려웠고 익숙하지 않은 상황에서 정보를 접수하고 처리하여 신속한 판단을 내려야 했다. 보조석에 앉은 강사가 목소리를 통해 주는 정보는 마치 생명을 구하는 동아줄 같았다. 여기서 차선을 변경해라, 속도를 조금 더 내라, 오르막길에서 시동을 꺼뜨리지 않으려면 클러치를 반쯤 밟은 상태로 액셀을 밟아라, 여기서 잠깐 멈춰라 등 청각을 통해 접하는 정보는 너무나 귀했다. 교육을 마치고 한숨 돌리며 차에서 내리는데 갑자기 엄마가 생각났다. 음성언어를 들을 수 없는 농인 엄마는 도대체 운전을 어떻게 배운 걸까?

어릴 적 엄마가 운전면허를 따겠다며 학과시험 기출문제집을 여러권 사서 집에 돌아왔던 적이 있다. 하루 종일 추위에 떨며 노점 장사를 한 엄마는 고단한 표정으로 책을 보다 말했다.

"무슨 말인지 하나도 모르겠어."

특수교육의 한계로 문자언어를 제대로 습득하지 못한 엄마는 종종 단어의 뜻을 물었다. 나는 엄마 옆에 앉았다. 늘 그랬듯 영민하고 똑똑한 딸이 되어 수어로 쉽게 풀어 설명하려 했지만 아무리 들여다봐도 무슨 말인지 알 수 없었다. 아빠는 남들 다 합격하는 학과시험에 떨어지면 바보라고 말했다. 그러나 정말 어려웠다. 어른들은 기출문제 몇번 풀면 학과시험은 쉽게 합격한다고들 했다. 엄마도 그럴 거라 생각했다. 그러나 용어 자체를 이해하지 못한 엄마는 시험문제를 읽는 것조차 어려워했다.

엄마에게 영상전화를 걸었다. 막상 운전해보니 쉽지 않다고, 정신이 하나도 없는데 도대체 어떻게 운전을 배웠냐고 물었다. 엄마는 먼저 면허를 딴 아빠가 수어로 알려주면 좋았겠지만 사고가 날까봐 그러지 못했다고, 가르쳐달라고 했지만 계속 짜증을 내서 학원에 등록할 수밖에 없었다고 했다.

"운전학원 강사가 수어를 모르고 나는 음성언어를 할 수 없으니까 말이 통하지 않았어. 용어 같은 거 종이에 적어서 알려줬지. 단어 자체를 이해할 수 없었어. 모르겠지만 알았다고 그냥 고개를 끄덕였지. 무서웠어. 바보가 된 기분이었어."

엄마는 시간표대로 교육을 이수해야 했다. 듣는 사람의 눈높이에 맞춰 단어를 풀어 설명한다거나 수어통역사를 대동한다거나 하는 일은 없었다. 강사는 농인의 문해력을 고려하지 않고 기존 속도대로 교육했다. 이해하지 못하면 화를 냈다. 용어도 용어지만 도로주행교육 때 의사소통은 어떻게 했는지 궁금했다. 운전하면 앞을 보게 되는데 옆에 앉은 강사와 필담으로 어떻게 소통했는지 물었다.

"강사가 다리를 손으로 쳤지. 브레이크를 밟아야 하면 왼쪽 다리. 속도를 내야 하면 오른쪽 다리."

엄마는 깜짝깜짝 놀라며 브레이크를 밟고 액셀을 밟으며 운전을 배웠다고 했다. 그러지 않으면 면허를 딸 수 있는 방법이 없었다고, 그래도 용케 합격한 게 다행 아니냐며 웃었다.

청각장애인은 1995년까지 운전면허를 취득할 수 없었다.

들을 수 없다는 이유 때문이었다. 장애인 운전권을 쟁취하기 위한 투쟁 끝에 몇차례의 법률개정을 거쳐 현재 청각장애인은 대형면허와 특수면허를 제외한 1종 보통면허를 취득할 수 있다. 그러나 비장애인 중심으로 만들어진 교육방식과 문자언어 중심으로 설계된 시험은 음성언어를 사용하지 않고 문자언어에 익숙하지 않은 농인에게는 여전히 문턱이 높다. 도로교통공단은 2019년 6월에야 학과시험 동영상 학습용 수어 교재를 개발하여 온라인으로 배포했다.

✳

17세기부터 20세기 초까지 미국 보스턴 남부에 있는 섬 마서스비니어드에는 유전적으로 청각장애인이 많았다. 19세기 미국 전체 인구의 청각장애인 비율과 비교해 100배 높았다. 비장애인 중심으로 보면 저주받은 섬 같겠지만 섬사람들은 들리지 않음을 장애로 생각하지 않았다.

책 『마서즈 비니어드 섬 사람들은 수화로 말한다』는 마서스비니어드에서 청각장애는 아주 평범한 것이었기에 모두가 장애 유무와 상관없이 제2언어로 수어를 배웠다고 말한다. 한 노인은 농인을 사람마다 목소리가 다른 것 이상으로 생각지 않았다고 회고한다.

책의 저자이자 의료인류학자인 노라 엘렌 그로스는 섬에서 살았던 노인을 찾아가 농인 이사야와 다비드를 기억하는지 묻는다. 노인은 그들이 아주 훌륭한 어부였다고 대답한다. 농인이 아니었냐고 묻자 그는 기억을 더듬으며 말한다. 생각해보니 그런 것 같다고, 그 사실을 잊고 있었다고 말이다. 청각장애 유전율이 높았던 섬에서 농인은 병리학적 관점의 청각장애인이 아니라 훌륭한 어부이자 사회구성원이었다. 들을 수 없음은 결여나 손상의 의미가 아닌 그저 또 하나의 다름이 된다.

마서스비니어드섬의 사례는 어떤 몸을 중심으로 세계를 설계할 것인지 우리에게 질문한다. 무엇이 정상과 비정상의 경계를 가르는걸까. 농인을 말 못하는 장애인이 아닌 '목소리가 다른 사람'으로 호칭하는 사회를 상상해본다. 엄마가 마서스비니어드섬에서 태어났다면 어땠을지, 그럼 운전은 어떻게 배웠을지 그려본다.

뒤늦게 운전을 배우며 엄마를 떠올린다. 농인이자 여성으로 비장애인 남성 중심 사회에서 살아온 엄마의 생을 가늠해본다. 나는 아직도 모르는 게 많다.

정말 지겨울 정도로 듣는 질문이 하나 있다.

"농인의 자녀로서 힘든 점은 없었나요?"

이는 종종 눈빛과 분위기로 형성된다. 안 봐도 뻔하다는 듯 탄식이 쏟아진다. 부모님이 말 못하는 벙어리구나, 정말이지 안타깝네, 같은 말들이 공중에 떠다닌다. 장애인과 그의 가정에 대한 동정과 연민이다.

이에 대항할 수 있는 방법은 딱 하나다. 눈을 크게 뜨고 목에 힘을 주어 부모님은 농인이고 나는 그의 자녀인 코다라고 아무렇지 않게 말하는 것이다. 부모에게서 수화언어를 배우고 세상으로부터는 음성언어를 배워 농사회와 청사회를 잇는 매개자로 자랄 수 있었다며 코다로서의 긍정적 경험을 말하면 사람들은 묻는다. 그렇다면 어려운 일은 무엇이었는지, 그런 경험은 왜 이야기하지 않는지.

고민에 빠진다. 당연히 비장애인 중심 사회에서 장애를 가진 몸으로 살아가는 것과 그의 자녀가 되는 일은 쉽지 않다. 에이블리즘●과 오디즘●●이 만연한 사회에서 나와 부모는 수용되고 포용되기보다 차별받고 거절당한 경험이 더 많다.

그러나 어려운 일만 있는 건 아니다. 모두의 인생이 그렇듯 기쁘고 가슴 벅찰 때도 있고 화가 나고 속상할 때도 있다. 후자의 경험을 이야기하면 사람들은 그럴 줄 알았다며 고개를 끄덕이며 눈물을 흘리거나 쯧쯧 하고 혀를 찬다. 그 순간 나와 부모의 삶은 대상화된다. 그저 불쌍하기만 한 건 아닌데 '불쌍한 사람'이 된다. 자기 삶의 서사를 구축하는 주체성을 잃어버린다.

그래서 그 질문에는 답하지 않기를 택한다. 대신 부모님이 농인이라서, 내가 코다라서 좋았던 점을 더 크게 말한다. 에이블리즘과 오디즘을 구축하는 서사로서 나의 경험이 쓰이지 않기를 바라기 때문이다. 그러나 농인과 코다의 삶이 마냥 기쁘기만 한 것은 아니라 번번이 멈춰서고 만다. 무심코 던진 질문에 혼란에 빠진다.

---

● Ableism, 비장애중심주의 혹은 장애차별주의.
●● Audism, 청인이 우월하다고 믿고 농인에게 청인처럼 행동하라고 하는 것.

　다큐멘터리 영화 「미나마타 만다라」는 1940년대 초 일본 구마모토현 미나마타시 주민들에게 발생한 미나마타병과 이들을 가짜 환자 취급하다 정치적으로 해결하려고 하는 일본정부, 그리고 그에 반하는 이들의 여정을 좇는다. 미나마타시의 화학공장이 방류한 폐수의 메틸수은이 어패류에 고농도로 축적된다. 어패류가 주식이었던 주민들에게서 시야협착, 언어장애, 지각장애, 보행장애, 시력장애, 근력저하, 사지 뒤틀림 등의 증상이 집단적으로 발생한다.

　1956년 미나마타시 교외에 살던 5세 여자아이가 걷거나 말하는 것을 힘들어하고 경련을 호소하며 병원에 입원한다. 이틀 후 여동생도 같은 증세를 보인다. 이웃에게도 비슷한 증상이 나타나자 정부는 국지적인 전염병으로 추정하고 증상을 보인 이들을 사회적으로 격리한다. 인간들에게만 이상징후가 생긴 건 아니다. 고양이가 경련을 일으키고 미친 것처럼 행동하다 죽어가자 주민들은 이를 '고양이춤병'이라 부른다. 다른 야생동물 역시 이상행동을 보이자 구마모토대학 연구자들이 연구에 착수한다. 메틸수은이 뇌의 신경세포를 파괴하여 일어난 중추신경계 장애임이 드러나고, 지명을 따 '미나마타병'이라 이름 붙여진다.

영화는 당사자들을 중심으로 '미나마타병'이 공해로 인한 병이라는 걸 입증하는 연구과정을 비롯해 주민들이 국가를 상대로 한 손해배상 청구 소송을 제기하는 과정을 담는다. 일본 다큐멘터리 영화의 거장이라 불리는 하라 가즈오 감독이 15년 동안 촬영하고 5년 동안 편집하여 372분이라는 분량으로 만들었다. 미나마타병을 다룬 영화와 뉴스 등을 자료화면으로 사용하여 이 병이 공식적으로 인정받는 데 걸린 60년의 시간과 기준에 부합하지 않아 병명을 갖지 못한 이들의 이야기를 담는다.

한나절을 꼬박 보아야 하는 이 영화의 미덕은 긴 시간 투쟁해온 이들의 삶을 오롯이 볼 수 있다는 점이다. 미나마타병으로 가족을 잃거나 선천적인 장애를 가지고 살아온 이들이 병명을 찾기 위해 싸운다. 문제를 감추려는 기업과 공해로 인한 병이라는 사실을 인정하지 않는 정부를 향해 이름 없는 고통 속에 방치한 잘못을 사과하라고 요구한다. 영화는 이들을 피해자로만 그리지 않는다. 적극적인 투쟁과 유쾌하면서도 담담한 일상 묘사를 통해 이들의 삶은 주체화된다.

그런데 몇몇 장면에서는 멈춰서게 된다. 가령 미나마타병으로 선천적 뇌성마비를 갖게 된 여성장애인이 신데렐라를 좋아한다고 하자 감독은 왕자가 찾아오면 어떻게 할 거냐고 묻는다. 다음으로 뇌병변장애인이자 영화 주인공 중 한명인 사카모토 시노부가 무대 위에 선다. 사랑이 많은 여성이자 사랑에 쉽게 빠지는 여성으로 묘사된다. 부모로부터 독립하여 따로 살고 싶다는 가사가 담긴 노래는 대회에서 1등을 수상한다. 이어지는 장면은 시노부가 좋아했던 남자들과의 인터뷰다. 감독은 그가 세명의 남자를 어떻게 만났고 왜 사랑하게 되었으며 어떤 내용의 편지를 보냈는지 묻는다. 남자들은 어색하게 시노부 옆에 앉아 과거를 회상한다. 시노부는 부끄러워한다. 장면이 바뀌고 다른 남자가 그의 옆에 앉는다. 또 장면이 바뀌고 새로운 남자가 앉는다. 감독은 한 매체와의 인터뷰에서 시노부에게 연애를 하는 것은 곧 자유로워지는 것을 의미한다며 "가고 싶어도 갈 수 없는 마을 바깥에서 온 이들을 좋아하게 됨으로써 그들의 바깥세상을 공유함과 동시에 자신이 선천적 미나마타병 환자라는 사실을 잊을 수 있게 된다"고 말한다.

남들은 웃음을 터뜨리는 장면에서 쉽게 웃을 수 없었다. 꼭 미나마타병이 없었더라면, 미나마타병으로 인한 선천적 장애가 없었더라면 가능했을 사랑의 모습들을 보여주는 것 같았기 때문이다.

공식적으로 미나마타병이 인정되지만 기준이 너무나도 엄격하여 대다수 피해자들은 그 범위에 포함되지 못한다. 영화 말미에 등장하는 미조구치의 어머니가 그에 해당한다. 그는 미나마타병을 인정해달라고 현에 신청했지만 필요한 검진을 다받지 못하고 1977년 77세의 나이로 숨졌다. 미나마타병을 인정해달라고 신청한 지 39년 만인 2013년, 81세의 미조구치는 구마모토현이 상고한 도쿄 최고재판소에서 승소한다. 정부가 정한 기준을 충족하지 못해도 개별적으로 따져 미나마타병을 판정해야 한다는 판결이다. 모두가 환호하지만 지방정부 관료들은 절대 사과하지 않는다. 기쁨과 동시에 화가 머리끝까지 나는 장면이다.

재판결과를 공유하는 발표회에서 초기부터 미나마타병을 연구해온 연구진 중 한명이 술에 취해 눈물을 훔치며 말한다.

"미나마타병은 아무리 맛있는 음식을 먹어도 그게 무슨 맛인지 느끼지 못하는 거예요. 섹스를 해도 그 미세한 감각을 누리지 못하는 거예요. 두 손을 맞비벼도 무슨 감각인지 제대로 느끼지 못하는 거예요."

이 장면은 복잡한 맥락을 담고 있다. 병의 인정 범위를 넓히기 위해 끝까지 투쟁해야 한다는 의견과 적당히 보상받고 마무리해야 한다는 의견이 갈리면서 당사자 간의 분열이 생긴다. 연구진도 마찬가지다. 길고 긴 싸움에서 승소했고 여러 감정이 엇갈리며 흘린 눈물이겠지만 나는 함께 울지 못하고 다시한번 멈춰섰다. 신경학적인 장애로 감각을 느끼지 못하는 건 누군가에게는 상실이지만 누군가에게는 기본값이다. 상실로 인한 슬픔과 안타까움은 비장애인 중심의 관점일 수도 있다. 가령 위 문장에서 '촉각'을 '청각'으로 바꿔보자. 누군가 나의 농인부모를 향해 음악을 듣지 못해 슬프다거나 새소리 같은 자연의 소리를 듣지 못해 안타깝다고 하면 과연 나는 맞장구칠 수 있을까?

작가이자 예술가, 장애운동가이자 동물운동가인 수나우라 테일러는 선천성 관절굽음증 장애를 가진 당사자로서, 동물이 겪는 억압과 장애인이 겪는 억압을 교차적으로 사유하는 저서 『짐을 끄는 짐승들』에서 자신의 몸은 미군이 무단 폐기한 여러 독성물질이 상호작용해 만들어낸 혼합물이라고 말한다. 어머니가 임신했을 때 독성물질로 오염된 수돗물을 모르고 마셨고, 그 영향으로 장애를 가지고 태어났기 때문이다. 그가 "미군과 그 폐기물이 내게 장애를 가져왔다"고 말했을 때 사람들은 군대와 그로 인한 환경오염을 비판하는 것이 아니라 그의 신체를 안타까워하고 동정하며 비판했다. 동정과 안타까움이라는 감정이 뒤따랐다. 그는 이에 한 문장을 더한다.

"미군과 그 폐기물이 내게 장애를 가져왔다. 그리고 나는 내 몸을 사랑한다."

수나우라는 고통을 인정하는 것이 장애를 경험하는 데서 비롯되는 가치까지 부정하는 것은 아니라고 정확하게 쓴다.

　장애인 스스로가 자신의 고통과 '원치 않는' 순간들에 대한 소유권을 쥐고 스스로의 서사를 말하는 것이 아니라, 비장애인이 장애인의 고통과 상실에만 집중할 때 나는 불편함을 느낀다. 물론 영화는 미나마타병으로 인해 생긴 장애의 부정적인 면만을 다루지 않는다. 15세 때 미나마타병이 생겨 여러 의학적 사례가 된 이코마 히데오가 재일조선인 아내를 만나 결혼하던 때를 회상하는 장면은 너무나 익살스럽고 흥미롭다.

　결혼을 하게 된다니 기뻐 첫날밤에 아무것도 하지 못하고 강물 소리만 들으며 잤다고, 진짜라고 정말이라고 말하는 이코마와 상대가 미나마타병 환자라는 걸 알고 도망갈까 고민하다 결국 결혼했다는 아내의 이야기는 장애인과 언어·민족적으로 소수자인 재일조선인이 만나 서로를 돌보는 공동체가 되었음을 보여준다. 이들은 함께 밥을 먹고 서로의 머리를 깎아주고 페인트를 칠하는 등 집안의 대소사를 돌보며 산다. 소수자로서의 경험과 정체성이 만나는 순간이다.

　일상을 살아갈 때마다 종종 멈춰서게 된다. 좋아하는 감독이지만 마냥 박수칠 수는 없었던 것처럼 에이블리즘과 오디즘에 입각한 사고와 관점을 만날 때면, 혹은 그렇다고 의심되는 순간을 마주하면 더 오래 생각하게 된다. 수나우라는 단순히

좋거나 나쁜 것으로 치부하기에는 장애가 너무나 복잡하다고 말하며 "비장애 신체의 세계가 우리 삶을 틀 짓고 전형화하는 방식을 통하지 않고서 고통을 겪을 수 있어야" 한다고 쓴다.

　장애가 있는 몸의 경험은 다층적이며 복합적이고 입체적이다. 농인부모와 그의 자녀인 코다의 경험 역시 그렇다. 나는 납작한 고통에 대해 말하기보다는 내 서사의 주도권을 갖고 싶다. 수나우라가 쓴 문장으로 글을 맺는다.

　"우리는 모두 고통을 겪는다. 그러나 이 고통은 우리 자신의 다른 경험들에 대한 부정을 뜻하지 않는다."

## 디아스포라로서의 코다

다큐멘터리 영화 「반짝이는 박수 소리」를 일본에서 상영했을 때의 일이다. 자신을 재일조선인이라 소개한 관객이 말했다.

"이 영화는 정확하게 제 삶의 경험과도 만나요."

무슨 말인지 이해할 수 없었다. 소리의 세계와 침묵의 세계를 오가며 자란 나의 경험이 일제강점기 일본으로 건너가 거주하게 된 이들과 어떻게 같다는 건가. 이 같은 반응을 보인 사람은 그뿐이 아니었다. 다른 도시에 살고 있는 재일조선인 역시 영화를 보며 크게 공감했다고 말했다. 그는 말을 이었다.

"저는 재일조선인 3세로 태어났어요. 자라고 보니 나라는 존재가 특별영주 자격으로 일본에 거주하고 있는 사람인 거예요. 학교에서는 조선어를 썼지만 바깥에서는 일본어를 썼죠. 다른 언어와 문화를 가진 사람들 속에서 살았어요."

그의 신분증은 특별영주자 증명서다. 국적란에는 대한민국(남한) 국적과 조선적, 두가지 종류 중 하나를 표기할 수 있다. 일본 국적을 선택하면 일본인으로 귀화하게 된다. 그는 초·중·고등학교를 비롯해 대학교까지 재일본조선인총연합회가 운영하는 조선학교를 다녔다.

"조선학교에서는 우리말과 한글, 역사를 가르쳐요. 일본 학교에서는 가르치지 않는 것이죠. 흔히들 '조선'이 북한을 뜻한다고 생각하는데 우리가 말하는 조선은 해방 이전의 조선을 뜻해요. 남북이 분단되기 이전의 하나의 조선이자 민족적 의미의 조선이요."

조선학교는 국어, 역사 등 민족교육을 위해 자발적으로 세운 국어강습소에서 유래했다. 초창기 자금난에 시달렸던 조선학교는 1957년 조선민주주의인민공화국(북한)과 대한민국(남한), 양쪽 국가에 경제적 지원을 요청한다. 북한만이 교육원조비를 보낸다. 남한은 어떠한 지원도 하지 않는다. 일본정부는 조선학교를 공식적인 학교로 인정하지 않는다. 그에 따라 학력도 인정되지 않고 경제적인 지원도 전무하다.

미술작가로 활동하는 그는 조선적을 유지하면 사실상 무국적으로 분류되어 국가 간 출입이 어렵기에 남한 국적을 선택했다. 문제는 그가 선택한 남한에는 남성일 경우 필수적으로 이행해야 하는 병역의무가 있다는 거였다.

"조선인으로서 대학까지 졸업하고 조선화를 배우기 위해 실습차 평양에도 다녀왔어요. 이후 작가활동을 하고 싶어 남한 국적을 선택해 서울에 갔는데 군대에 가야 하는 거예요. 재외 국민 2세에 대한 제도가 최근에 바뀌었거든요. 그런데 저의 정체성은 남한이 아니라 재일조선인이에요. 아시다시피 남한 군대에 가면 우리의 주적은 북한이라는 사상교육을 받아요. 저는 하나의 조선이 나의 민족이라고 배웠고 그렇게 생각해요. 국경을 넘나들기 위해 국적을 선택했을 뿐인데 저의 민족 중 절반에 해당하는 사람들에게 총을 겨눠야 하는 거예요."

디아스포라°로서의 정체성 혼란이 다시 시작되었다. 남한 군대에서 훈련받게 되면 정체성은 뿌리째 흔들릴 것이 자명했다. 어떤 이념이나 사상을 선호하여 국적을 선택한 것이 아니기에 그는 일본으로 돌아왔다. 재일조선인으로 태어났고 그저 자유롭게 국경을 오가고 싶을 뿐이었다.

---

° Diaspora, 본토를 떠나 타지에서 자신들의 규범과 관습을 유지하며 살아가는 민족집단 또는 그 거주지를 가리키는 용어.

＊

흥미로운 이야기였지만 어째서 나의 이야기와 맞닿는다는 건지 알 수 없었다. 한동안 잊고 지내다 다큐멘터리 영화 「차별」을 보고 정확하게 내 경험과 일치한다고 느꼈다. 2010년부터 실시된 일본의 고교무상화 정책에서 제외된 조선학교가 2013년 일본정부를 상대로 손해배상 청구 소송을 하는 여정을 좇는 다큐멘터리 영화다.

영화의 주인공 중 한명은 조선학교 출신이자 위 소송을 수임하는 김민관 변호사다. 그는 조선대학교를 졸업했지만 일본정부가 인정하는 공식 학교가 아니라는 이유로 학력을 인정받지 못했다. 변호사가 되기 위해서는 공식 교육과정을 밟아야 했다. 그는 다시 한번 대학에 입학한다. 남들보다 한참 늦게 변호사가 된 그는 자신의 경험을 이야기하며 다른 외국인학교나 국제학교는 공식적인 학교로 인정받아 재정지원을 받는 데 반해 조선학교가 제외된 건 조선인에 대한 명백한 차별이라고 말한다. 영화는 조선학교에서 공부하는 학생들의 일상을 보여준다. 많은 이들이 조선학교에서 편향된 이념과 사상 교육을 받을 거라 생각하지만 이들의 교육과정은 생각과는 다르다. 우리 민족의 언어와 문화가 얼마나 소중한지, 그렇기에 민족의 독립과 통일이 얼마나 중요한지 배운다는 게 다를 뿐.

조선학교 학생들은 법원 앞에서 손을 모아 재판결과를 기다린다. 극영화라면 한번쯤 극적으로 승소하는 장면을 보여주며 카타르시스를 선사할 법도 하지만 전국 각 지방법원에서 열린 소송 모두에서 조선학교는 무참히 패소한다. 기껏해야 열여섯살 정도 되어 보이는 학생들이 법원 앞에서 현실을 마주한다. 자신의 존재와 정체성을 부정당한다.

영화에 따르면 현재 일본 내 조선학교는 60여개로 8000여명의 학생이 재학 중이다. 이 중 50% 이상이 남한 국적이며 나머지는 조선과 일본 국적이다.

일본이 조선을 병합한 1910년대 이후 생존을 위해 혹은 강제로 일본에 건너간 조선인은 약 210만명에 이른다. 당시 조선 인구가 1700만명 정도였다고 하니 당시 인구의 10분의 1을 넘는 수치다. 1945년 8월 15일 해방 이후 조국으로 돌아가지 못한 조선인은 약 60만명이었다. 1947년 일본은 식민지국가의 국민이자 천황의 신민이었던 재일조선인을 외국인으로 간주한다고 공표한다. 당시 한반도에는 아직 어떠한 국가도 수립되지 않은 상황이었다. 재일조선인들은 하는 수 없이 외국인등록증에 국가가 아닌 민족적 의미로서의 '조선'을 기입한다. 이듬해인 1948년 한반도는 남과 북으로 갈라져 대한민국과 조선민주주의인민공화국이라는 두개의 국가가 수립된다. 공식적으로 조선이라는 국가가 사라짐에 따라 재일조선인은 국적을 상실한다. 난민이 된 셈이다.

*

　무엇보다 인상 깊은 건 재일조선어와 일본어를 동시에 사
용하는 김민관 변호사의 언어 그 자체다. 일본의 침략으로 인
해 난민이 될 수밖에 없었던 재일조선인에 대한 책임을 지지
않고 국민으로서의 적법한 권리를 주지 않는 것 자체가 잘못되
었다는 걸 증명하기 위해서는 '일본인'이라고 하는 야마토 민
족을 중심으로 만들어진 법을 이해하고 그를 '일본어'라는 언
어로 증명해야 한다. 언어적·민족적·문화적 소수자인 재일조선
인에게는 애초부터 불리한 게임이다.

　나는 농인부모에게서 태어나 수어를 배웠다. 농문화를 영
위하며 살아가는 농인의 세계, 농사회는 내가 첫번째로 속한
문화적 공동체였다. 그러나 집 밖은 달랐다. 음성언어를 사용
하는 청사회, 청인을 중심으로 형성된 공동체에서 그들의 문화
를 배워야 했다. 그곳에서 수어는 언어로 분류되지 않았다. 학
교에서 배우는 역사 속에 농인과 농문화는 없었다. 부모는 언
어적·문화적 소수자가 아닌 불쌍하고 하등한 장애인이었고 나
는 그의 자녀였다. 나를 설명할 언어를 가지지 못했던 나는 정
체성의 혼란을 겪었다. 비장애인 중심 사회이자 청인 중심 사

회에서 살아남기 위해서는 나의 모어인 수어와 농문화를 잊어야 했다.

재일조선인 저술가이자 작가로서 디아스포라에 대한 질문을 던져온 서경식은 다나카 가쓰히코의 논의를 빌려 모어는 "태어나서 처음으로 익혀 자신의 내부에서 무의식적으로 형성된 말이며 한번 익히면 그로부터 벗어날 수 없는 '근원의 말'"이고, 모국어란 자신이 국민으로서 속해 있는 국가인 모국의 국어라고 정의한다. 모국어는 "근대 국민국가에서 국가가 교육과 미디어를 통해 구성원들에게 가르쳐 국민으로 만드는 장치로 기능"하며 "모어와 모국어가 일치하는 경우는 국가 내부의 언어 다수자들일 뿐"이라고 지적한다. 그는 어느 곳이든 모어와 모국어를 달리하는 언어적 소수자가 존재한다고 말한다. 일본사회에서는 재일조선인이, 한국사회에서는 언어적 소수자인 한국 농인이 그에 해당한다.

자신의 의견을 한국어(모어)로 말하며 일본의 법을 공부하고 그 한계를 일본어(모국어)로 지적하는 주인공을 보며 나의 경험을 떠올린다. 농인부모와 내가 지닌 언어적 소수성과 문화적 다양성을 인정받으며 성장할 수 있었다면 어땠을까. 수어로 교육받고 농문화를 전수받을 수 있었다면 나의 정체성은 어떻게 달라졌을까.

*

2021년 BTS가 수어 안무와 함께 선보인 신곡 '퍼미션 투 댄스'가 미국 빌보드 차트를 휩쓸자 수어에 대한 관심 또한 전 세계적으로 높아졌다. 국내 언론매체에서도 안무가 어떤 수어를 사용했는지 궁금해했다. 문제는 이에 대한 의견을 농인이 아니라 언어적 접근이 쉬운 청인 수어통역사나 청인 수어 아티스트에게 물은 것이다. 이들에게 수어는 모어가 아니다. 수어에 대해 정확하게 설명하고 농사회의 반응을 생생히 들려줄 수 있는 건 농인 당사자다.

BTS의 수어 안무에 대한 사회적 관심이 높아지자 스스로를 수어 아티스트라고 부르는 몇몇 청인이 매체를 통해 수어 안무에 대해 잘못 설명하는 일이 있었다. 이는 수어에 대한 잘못된 정보를 양산할 뿐 아니라 청인이 수어에 대한 사회적 관심을 가로채는 행위다. 보다 못한 몇몇 농인이 문제를 제기했지만 관리자에 의해 모든 댓글이 지워졌다. 언어적 소수자의 의견이 다수자에 의해 묵살당하는 일이었다. 농인은 수어가 주목받는 상황에서 다시 한번 타자화되고 주변화된다.

서경식은 『디아스포라 기행』에서 새롭게 도착한 공동체에서 소수자의 지위에 놓여 지식과 교양을 익힐 기회마저도 박탈당한 디아스포라에 대해 말하며 "곤란을 극복하고 언어를 쓸 수 있게 되더라도 그것을 해석하고 소비하는 권력은 언제나 다수자가 쥐고 있다"고 쓴다. "그 호소가 다수자에게 편안한 것이라면 상대해주지만, 그렇지 않을 경우에는 차갑게 묵살해"버린다고 말이다.

'단일민족으로 구성된 국가'라는 말 사이에 지워진 존재를 바라본다. 모어와 모국어 사이의 간격이 끝도 없이 벌어지고, 모국어가 가지는 권력이 모어가 가지는 권력과 판이하게 다를 때 벌어지는 일을 마주한다. 흑인 레즈비언 페미니스트인 미국 시인 오드리 로드는 "주인의 도구로는 결코 주인의 집을 무너뜨릴 수 없다"●고 썼다. 나는 모어의 세계를 지키기 위해 모어와 모국어를 오가며 기존의 집을 무너뜨린다. 재일조선인 김민관 변호사도 마찬가지다. 소수자라고 불리는 이들의 존재와 삶을 경유하여 국가, 민족, 언어, 문화의 경계를 흔든다. 단일민족 국가라는 환상에 다시 한번 질문을 던진다.

● 오드리 로드 『시스터 아웃사이더』, 주해연·박미선 옮김, 후마니타스 2018.

## 미등록 이주아동과 코다

"어린 나이에 많은 걸 알 수밖에 없어요. 특히 엄마가 한국 말을 못하니까 각종 서류 작업, 행정, 은행 업무, 집 계약 같은 일은 누나랑 제가 도맡았어요. 엄마가 무슨 일을 하든 전화가 와서 누나와 제가 통역을 하고. 어른들끼리 하는 이야기를 다 들을 수밖에 없었죠. 생계를 꾸리는 방법 등 모든 걸 다 알아야 했어요. 하기 싫어도 가족을 위해서 어쩔 수 없이 하는 게 많았 어요. 안 하면 살 수 없기 때문에."

미등록 이주아동에 대한 책 『있지만 없는 아이들』을 읽다 기시감이 들었다. 음성언어 중심 사회에서 수어를 사용하는 농 인의 자녀로 자란 코다로서의 나의 경험과 정확하게 일치했다. 여덟살 무렵 농인부모와 은행에 방문해 대출을 상담하고 새로 이사 갈 집에 전화해 전세와 보증금을 대신 물었던 일이 떠올랐다. 미등록 이주아동 페버처럼 알고 싶지 않았지만 집안의 경제상황을 일찍 파악하게 되었다. 애어른, 어른아이가 되었다. 청각장애인의 자녀인 코다는 장애인 가족으로서의 경험을 함과 동시에 이중언어 사용자이자 다문화가족의 일원으로 성장한다. 이주민 2세대와 비슷하고도 같은 경험을 한다.

＊

1999년 한국 태생으로, 한국에 머물던 나이지리아인 부모에게서 태어난 페버는 나고 자라면서부터 배운 한국어로 이주민 1세대인 부모님을 돕는다. 그러나 아버지가 나이지리아로 갔다가 돌아오지 못하면서 가족의 체류자격이 상실되어 불법체류자가 된다. 강제퇴거 명령을 받자 법원에 취소소송을 제기하고 승소하여 체류자격을 얻는다. 페버는 묻는다.

"왜 한국에서 계속 살고 싶으냐고 묻는 사람이 있어요. 저는 이 질문을 한 사람에게 그대로 되돌려주고 싶어요. 그럼 왜 당신은 한국에 살고 계시나요?"

그는 여기서 태어났기 때문에 여기서 사는 거라고, 만약 나이지리아에서 태어나 그곳의 언어와 문화를 배우며 자랐다면 아마도 그곳에서 살았을 거라고 말한다.

국가인권위원회의 기획으로 사회적 약자들의 목소리를 기록해온 은유 작가가 쓴 책『있지만 없는 아이들』은 미등록 이주아동 5명과 그들의 어머니, 이주인권활동가, 작가, 변호사와의 인터뷰를 통해 구성된 르포문학이다. 한국에서 태어났거나 어렸을 때 한국으로 이주하여 오랜 시간을 한국에서 살아온 이주아동의 목소리를 담았다. 신분증이 없어 학교 체험학습 중에 청와대에 들어가지 못하고, 여행보험 가입이 되지 않아 수학여행을 가지 못하고, 자격증시험을 치르지 못하고, 대학에 가지 못한다는 걸 알고 난 후 입시를 포기하고, 오늘이 한국에 머무는 마지막 날이 될지도 모른다는 불안감에 어떠한 것도 감히 꿈꾸지 못하는 아이들이 등장한다.

이 책은 어떠한 사진도 보여주지 않는다. '불법체류자' 혹은 '불법체류자의 아동'이라는 단어를 들었을 때 흔히 떠올리는 이미지와 그로부터 파생되는 편견을 허락하지 않는다. 다만 그들이 한국에서 나고 자라면서 습득한 한국어를 들려준다. 다른 피부색, 다른 눈 모양과 같은 '다름'으로부터 오는 학습된 고정관념을 차단한다. 독자로 하여금 이들의 이야기를 온전히 마주하게 한다. 한국어로 사고하고 한국어로 소통하며 살아가는 이주아동의 이야기를 통해 생각한다. 누가 적법한 '한국인'이 되고 무엇이 '한국인'을 구성하는 걸까.

언어학자 다나카 가쓰히코에 따르면 '조국'은 조상의 출신지(뿌리), '모국'은 자신이 실제로 국민으로 소속되어 있는 국가, '고국'은 자신이 태어난 곳(고향)을 의미한다. 책에 등장하는 미등록 이주아동의 조국은 나이지리아, 몽골, 우즈베키스탄, 이란이다. 모국은 조국과 일치하기도 하고 체류자격 심사를 통해 한국으로 변경되기도 한다. 고국은 조국과 일치하기도 하고 한국이기도 하다. 대다수 한국인은 조국과 모국, 고국이 일치하겠지만 미등록 이주아동은 그렇지 않다. 조국, 모국, 고국이 일치하지 않는다는 이유로 불법의 존재가 된다. 조상의 출신지인 조국에 돌아가더라도 한국에서 태어났거나 인생의 대부분을 한국에서 보냈기에 말도 쉽게 통하지 않고 속한 문화도 다른 '외국인' 취급을 받는다. 조국과 모국, 고국 사이 어디에도 속하지 못하는 사람이 된다.

*

　미등록 이주아동은 '불법체류 학생의 학습권 지원방안' 지침에 따라 한국에서 정규교육을 받을 수 있다. 그러나 고등학교를 졸업하면 강제출국 유예기간이 종료돼 본인 의사와 상관없이 강제퇴거 대상이 된다. 2020년 5월 국가인권위원회가 이는 인권침해에 해당한다며 법무부에 시정을 권고한다. 법무부는 2021년 4월 '국내출생 불법체류 아동 조건부 구제대책 시행

방안'을 발표하여 한국에서 태어나 15년 이상 한국에 체류한 미등록 이주아동에 한해 체류자격을 심사받을 기회를 준다. 작가는 "태어나자마자 한국에 온 아이나, 15년보다 짧은 기간 체류했지만 국적국에 귀국하기 힘든 경우는 구제되지 못한다"며 이 책에 실린 몇몇 이주아동에게는 해당하지 않는 대책이라고 지적한다.

체류자격 심사를 받지 못한 미등록 이주아동은 자신의 신분을 바꿀 어떠한 기회도 없이 미등록 아동에서 미등록 청년이 된다. 그 모습을 그린 다큐멘터리 영화가 바로 「도쿄의 쿠르드족」이다. 미등록 이주아동이 청년이 되었을 때 마주하게 되는 현실을 담은 이 작품에는 일본 도쿄 교외에 정착하여 살고 있는 두명의 쿠르드족 청년 오잔과 라마잔이 등장한다.

쿠르드족은 메소포타미아 평야와 지금의 남동부 튀르키예, 북동부 시리아, 북부 이라크, 북서부 이란, 남서부 아르메니아 지역에서 살던 원주민을 일컫는다. 현재 약 3800만명 정도의 쿠르드족이 아랍 전역에 거주하고 있으며 이는 중동 내에서 네번째로 많은 민족이다. 대부분 수니파 무슬림인 쿠르드족은 고유 정서, 문화, 언어를 가졌지만 단 한번도 자신들만의 국가를 가진 적이 없다. 튀르키예 인구의 15~20%를 차지하는 쿠르드족은 꾸준히 독립을 요구해왔지만 튀르키예 정부는 쿠르드어, 쿠르드 이름, 전통의복 착용 등을 금지하며 탄압했다. 이에 쿠르드족 일부는 무장단체를 결성하여 분리독립 운동을 해오고 있다.

쿠르드족 난민은 튀르키예의 탄압을 피해 1990년대 일본으로 망명한다. 인도적 체류허가를 받아 도쿄 근교에 정착하여 2000명이 넘는 규모의 커뮤니티를 형성한다. 그러나 이 중 일본정부가 난민으로 인정한 사례는 단 한건도 없다. 여섯살 때 부모와 함께 일본으로 망명한 오잔은 청소년 시기를 거쳐 지금은 건물철거 일을 한다. 오잔의 친구이자 또 다른 주인공인 라마잔은 쿠르드어와 튀르키예어, 일본어, 영어를 구사할 수 있는 능력을 살려 통역사가 될 거라고 희망찬 눈빛으로 말한다. 그렇게 되면 불안에서 벗어날 수 있을 거라며 라마잔은 대학입시를 준비한다.

둘은 도쿄 근교에서 만난다. 어떻게 지내느냐고 앞으로 무얼 하고 싶으냐고 일본어로 묻고 답한다. 그 누구보다 능숙한 일본어다. 적법한 비자가 없어 일을 하고 싶어도 하지 못한다고, 언제 추방될지 모른다는 대화를 나눈다. 오잔은 내가 어디에 속한 사람인지 모르겠다고, 고국으로 돌아가 분리독립 운동에 참여하면 위험할 것이고 그렇다고 일본에 불법체류 신분으로 머무르기에는 고통스럽다고 말한다. 앞날을 기약할 수 없으니 차라리 하루 벌어 하루 먹고사는 철거 일을 하는 게 낫다고 냉소하는 오잔은 어느 날 모델 일을 하고 싶다는 꿈을 가진다.

머리를 넘겨빗고 하얀 셔츠를 차려입고 기획사에 찾아가 사진을 찍고 면접을 본다. 방송 프로그램에 출연할 수도 있다는 말을 듣고 환하게 웃는다. 일을 하기 위해서는 비자가 필요해 출입국관리소를 찾아간다. 담당자는 인도적 체류자의 신분으로는 일할 수 없으며 체류비용은 고국에서 조달하거나 알아서 해결하라고 무신경하게 말한다. 그렇게 체류한 지 벌써 십년이 넘었다고 대꾸하지만 출입국관리소의 입장은 변함이 없다. 오잔은 고개를 푹 숙인다. 이럴 줄 알았다고 함부로 꿈을 꿔서는 안 된다고 말한다. 『있지만 없는 아이들』의 축구선수가 되고 싶었지만 신분증이 필요하다는 걸 알고 포기했다는 페버의 이야기를 떠올리게 한다.

유엔난민기구가 조사한 2010년부터 2020년까지 11년간의 각국 난민인정률에 따르면 한국은 1.3%, 일본은 0.3%로 최하위에 속한다. 캐나다는 46.2%, 영국은 28.7%, 인도는 52.8%다. 한국이 일본보다 1% 낮다고 결코 위안할 수 없는 수치다.

*

미등록 이주아동의 교육권을 살펴보는 수업에서 한 교사가 말했다.

"처음에 미등록 이주아동이라고 해서 그게 뭔지 전혀 감이 오질 않았어요. 책을 읽다보니 우리가 흔히 말하는 불법체류자의 자녀를 일컫는 말이더라고요. 이상했어요. 그들을 불법체류자라고 부를 때와 미등록 이주아동이라고 호명할 때의 이미지가 전혀 다른 거예요."

그는 존재에 '불법'이라는 단어를 붙였을 때 어떤 종류의 선입견이 생겨나는지, 그렇다면 우리는 그들을 어떻게 호명할 것인지에 대해 학생들과 이야기해보고 싶다고 했다.

이야기의 힘을 믿는다. 책을 읽고 영화를 보면 그들을 더 이상 익명의 '불법체류자'로 뭉뚱그리지 않게 된다. 이름과 얼굴이 없었던 존재는 '미등록 이주아동'이 되고 '페버'가 되고 '오잔'과 '라마잔'이 된다. 이들이 출입국관리소에 어떤 표정으로 들어가고 나오는지, 얼마나 능숙하게 한국어와 일본어를 구사하는지, 그 누구보다 '한국인'스럽고 '일본인' 같은지를 마주하게 되면 우리는 더 이상 존재에 딱지를 붙일 수 없다. 대신 질문을 품게 된다. 누가 그들을 난민으로 만들었는지, 왜 그들은 법의 영역에서 벗어났는지, 법은 누가 만든 것이며 누가 합법과 불법을 결정하는지 묻게 된다. 이들이 처한 현실은 한국과 일본 사회의 다양성의 한계를 보여주는 거울이 된다. 경계에서 경계를 바라본다. 이는 곧 나와 우리의 이야기다.

# 아프면서도 건강하다

나의 파트너는 우울증을 앓는다. 이 간명한 사실을 오랫동안 말하지 못했다. 사람들이 수군거릴 것 같았고 지금이라도 당장 헤어지라고 할 것 같았다. 그런 사람을 왜 만나느냐는 말을 들을까 두려웠고 어쩐지 숨겨야 할 것 같았다.

어려웠다. 특히 타지에서 생활할 때 더욱 그랬다. 네덜란드에서 유학생활을 시작할 때였다. 일본 국적의 파트너는 직장을 그만두고 외국생활에 합류했다. 나는 석사과정을 이수하고 그는 프리랜서로 일하기로 했다. 멋지게 살아보려 했으나 현실은 달랐다. 네덜란드 특유의 긴 겨울과 그치지 않는 비, 프리랜서로서의 경험 전무, 불안정한 생계, 예정보다 늦게 발급된 체류 비자, 네트워크와 커뮤니티의 부재, 이전과는 완전히 다른 문화라는 벽에 부딪혔다. 파트너의 우울은 깊어졌다. 어릴 때부터 우울증을 앓았지만 이렇게 깊게 자주 발현되지는 않았다. 해가 뜨면 괜찮을 거라고, 비자가 발급되면 나아질 거라고, 경제적으로 안정되거나 친구들이 생기면 회복할 수 있으리라 생각했지만 증상은 더 깊어졌다.

쉽게 이해할 수 없었다. 우울증을 겪어본 경험도 없고 가족 중에 내력이 있는 사람도 없었다. 짜증과 한탄만 늘었다. 유학이라는 일생일대의 중요한 시기에 파트너는 왜 이곳까지 와서 나를 괴롭히나 생각했다. 아침마다 유학생의 도시락을 챙겨주고 밤에는 과제를 도와주던 다정한 파트너는 우울이 올 때마다 이불을 뒤집어쓰고 침잠했다. 그는 자신이 없는 것처럼 행동해달라고, 알아서 다스려볼 테니 제발 모른 척해달라고 했지만 말처럼 쉽지 않았다. 말 상대가 필요하다면 기꺼이 되고 싶었고 재밌는 이야기를 해주고도 싶었다. 가끔은 나도 힘들다고 말하고 싶었지만 그가 더 괴로워 보였다. 울고 싶었지만 울 수 없었다.

*

우울은 나에게까지 왔다. 유학생활을 하며 독박 돌봄을 해야 하는 처지를 생각하다 슬퍼졌다. 왜 이런 선택을 했나 후회

했다. 제법 좋아하던 비 오는 날을 끔찍이 싫어하게 되었다. 파트너가 가슴을 후비는 말을 하면 이를 악물고 학교에 갔다. 잘 지냈냐고 묻는 동기들 앞에서 표정을 숨기지 못하고 울었다. 동기 중 하나는 내가 말할 수 있도록 어깨를 다독였다. 몇몇은 별일 아니라는 듯 태연한 얼굴로 집에 놀러왔다. 고민 끝에 파트너가 우울증을 앓고 있다고, 최근 이주하여 프리랜서로 일을 시작했다고, 그에게 나는 유일한 네트워크이자 가족이라는 사실을 공유했다. 동기들은 만날 때마다 잘 지냈는지, 파트너는 어떤지, 필요한 게 있다면 말하라며 안부를 물었다. 그러다가도 잘 모르겠을 때는 한국에 전화를 걸었다. 우울증으로 오래 진료받고 있는 동료가 가족이나 친구가 이렇게 해주면 도움이 된다며 경험에 입각한 조언을 했다. 출장을 갈 때면 이웃에게 파트너를 돌봐달라고 부탁했다. 급박한 상황이 벌어져 감당하기 어려울 때는 현지에서 의사로 일하는 친구에게 SOS를 쳤다.

그러던 중 파트너가 자해를 했다. 증상이 점점 심해졌지만 24시간 내내 그를 돌볼 수 없었다. 혹시라도 집을 비운 와중에 무슨 일이라도 생기면 어쩌지 노심초사했다. 고민 끝에 더욱더 적극적으로 도움을 요청했다. 학교를 통해 영어로 소통할 수 있는 상담사를 소개받았다. 그의 모국어인 일본어로 소통할 수 있는 의사도 찾아두었다. 그가 한번 더 자해를 하자, 나는 일본에 있는 그의 부모에게 연락했다. 부모는 그의 우울증을 인지

하고 있었다. 우리에게는 공통 언어가 없었지만 간단한 영어와 손짓, 발짓을 동원하여 소통했다. 파트너의 우울이 심해졌다고 전했다. 무언가를 해달라는 것은 아니었다. 이 상황에서 할 수 있는 건 많지 않지만 종종 안부를 물어달라고 부탁했다. 최악의 상황에는 시간을 내어 네덜란드로 와달라고 요청했다. 책임을 나누고 싶었다. 독박 돌봄의 구조가 도움이 되지 않는다고 판단했다. 우울증은 개인이 혼자 짊어져야 하는 것이 아니고 숨겨야 하는 것도 아니다. 부모는 그에게 자주 연락했고 친구들은 우울이라는 단어를 언급하지 않고 그와 소통했다. 무심한 듯 다정한 관계망을 만들었다.

＊

　작가 하미나는 여성 우울증을 둘러싼 사회적·역사적 맥락을 살피는 책 『미쳐있고 괴상하며 오만하고 똑똑한 여자들』에서 독박 돌봄은 누구에게나 과중한 일이며 연인 사이 일대일의 돌봄이 문제가 된다고 지적한다. 우리에게는 "연인 혹은 부부와 같은 일대일 관계 이외의, 이전에 없던 돌봄 관계를 만들어낼 수 있는 새로운 상상력이 필요하다"고 말이다.
　위 책에는 우울증을 돌보며 살아가는 한 커플의 사례가 등장한다. 이들은 우울증을 극복했다거나 더 이상 힘들지 않다거나 이제는 행복하다고 말하지 않는다. 여전히 고통스럽고 괴롭다고 고백한다. 그러나 이 과정을 말하고 공유하고 인터뷰하는 것 자체에 의미가 있다고 말한다. 작가는 '20~30대 여성들은 대체 왜 우울한가?'라는 질문으로부터 시작한 이야기를 극복 서사로 만들지 않는다. 대신 사회를 향해 질문한다. 그동안 이 고통은 왜 주류 학문의 담론으로 다뤄지지 않았는지, 우울증을 해석할 수 있는 언어는 어디에 있는지 묻는다. 사회는 보다 적극적으로 돌봄의 공동체를 만들어야 하며 그 과정에서 "다양한 갈등과 미움, 질투와 억울함 등을 지우고 부정하기보다는 함께 머무르며 나아가야 한다"고 강조한다.

파트너는 우울을 혼자 다스려왔다. 용기를 내어 의사와 상담을 해보았지만 잘 맞지 않아 정신과에 대한 거부감만 더해졌다. 의료비가 비싼 미국에서 오래 거주한 점도 진입장벽을 높였다. 여러차례 상담을 통해 자신과 맞는 의사를 찾아야 했는데 그 비용을 감당할 수 없었다. 우울증이 자주 찾아왔지만 적절한 치료를 받을 수 없었다. 그는 정신분석학을 공부했다. 직접 얻은 지식을 통해 자기 자신을 바라봤다. 그렇게 스스로를 돌봤다. 그러나 안정적이지 않은 경제사정과 거친 날씨, 유학 중인 여성 파트너를 남성인 자신이 전폭 지원하고 도와주지 못한다는 부담감이 겹쳐 트리거®가 되었다.

고민 끝에 환경을 바꾸기로 했다. 일본에서 직장생활을 하던 때에는 이렇게 트리거가 자주 눌리지는 않았다. 그가 경제활동을 안정적으로 할 수 있고 가족과 친구라는 관계망이 있는 곳으로 가기로 했다. 네덜란드를 떠나 일본으로 돌아왔다.

그는 다시 직장을 구한 후 바쁘게 지냈다. 통장에 잔액이 쌓여 경제적으로 안정되고 종종 가족과 친구를 만나자 증세가 호전되었다. 그러나 우울은 예고 없이 찾아왔다. 진료를 받아보자고 권유했다. 이제는 모국어로 소통할 수 있고 당신과 맞는 의사를 찾아볼 수 있지 않냐며 그를 설득했다. 자신의 우울증이 정확히 어떤 병명인지, 어떤 증상을 보이는지, 어느 종류의 치료가 좋을지 상담하던 날, 그는 중요한 것을 깨달은 표정이었다. 비로소 자신의 고통을 분석할 수 있었다. 고통에 언어가 생겼다.

하미나는 우울증 진단 자체가 당사자에게 큰 의미를 갖는다고 말한다. "고통을 설명해주고, 나의 지난 기억을 재해석할 수 있는 자원이 되어주고, 이를 통해 나 자신을 새롭게 보도록 만들기 때문"이다. 이는 우울증을 앓는 여성뿐 아니라 전통적인 성역할로 고통받는 이들에게도 언어를 부여한다. 동시에 당사자와 함께 돌봄의 시간을 통과하는 이들에게도 경험을 재구성하는 도구가 된다.

---

• Trigger, 불안·공황·우울증과 같은 극도의 감정적 혹은 정신적인 증상을 야기할 수 있는 외부의 사건이나 상황.

이는 무당의 이야기와도 만난다. 우울증을 페미니즘과 과학의 언어로 이야기하다가 갑자기 무슨 비과학적인 무당 이야기냐고 하겠지만 삶을 재구성할 수 있는 언어를 가진다는 면에서 정확하게 운명학과 만난다. 퀴어 페미니스트 비건 지향 전업 무당인 홍칼리는 "내가 힘들었던 이유가 내가 잘못해서, 잘못되어서가 아니라 신의 뜻이자 운명이라고 받아들이게 되면 내가 겪은 고통을 다르게 해석하고 재구성할 수 있다"고 쓴다. 고통이 개인의 책임이 아니라 사회구조적인 문제로부터 비롯된 것은 아닌지 의심하는 순간 세상을 다른 관점으로 바라볼 수 있게 된다. 그는 책『신령님이 보고 계셔』에서 운명학으로 고정된 언어를 해체하고 세상을 다르게 해석한다. 관습을 의심하고 흔들며 새로운 언어로 삶을 재구성한다.

페미니즘, 과학, 운명학을 통해 당사자는 고통에 이름을 붙이고 삶을 재구성하고 비로소 자긍심을 갖는다. 돌아보면 농인부모에게서 태어난 청인으로서 내가 했던 경험도 마찬가지였다. 비장애인 중심 사회에 의문을 품고 차별에 질문하고 저항하기 위해서는 언어가 필요했다. 세상을 읽어내고 나의 삶을 재구성할 수 있는 언어를 찾았을 때 나는 불쌍한 장애인의 딸이 아닌 코다가 될 수 있었다.

나는 부모의 농(Deafness)을 자랑스럽게 말한다. 들리지 않는 게 뭐 어때서, 말 못하는 게 뭐 어때서, 대신 우리는 수어로 말해, 눈으로 세상을 읽어. 그러나 파트너의 우울증에 대해서는 함구해왔다. 그의 우울은 부끄럽고 숨겨야 하는 것이라고 무의식적으로 생각했다. 어쩌면 그의 남성성을 완성하는 데 도움이 되지 않는다고 판단했을지도 모른다.

나의 부모는 소리를 들을 수 없지만 건강하다. 우울증을 앓는 나의 파트너도 건강하다. 장애와 질병은 사회적으로 구성되고 만들어진다. 어떤 고통은 사회적인 담론이 되고 어떤 것은 그렇지 않다. 누가 그것을 어떻게 결정하는가? 당신과 나의 고통은 보다 적극적으로 기록되어야 한다. 우리는 우리의 삶을 여기서부터 다시 쓴다.

세계여성의날을 기념하여 작가, 기자, 영화감독이 모여 기
념일의 의미를 되짚고 한국사회는 성평등한지, 여성의 위치는
어떤지 이야기하는 자리에 초대받았다. 촬영장에 도착하니 행
사 기획과 진행을 맡은 두명의 여성이 맞았다. 패널로 초대받
은 이들은 평소에 이야기를 나눠보고 싶었던 여성들이었다.
반갑게 인사를 나눴다. 뒤로 크고 작은 카메라 여섯대가 놓여
있었다. 30~50대 남성으로 구성된 대여섯명의 촬영팀이 부산
하게 움직였다. 그중 총연출자로 보이는 사람이 무신경하게 물
었다.

"그런데 이거 무슨 행사예요?"

1908년 3월 8일, 미국의 섬유공장에서 일하던 여성노동자들이 열악한 노동환경을 견디다 못해 거리로 뛰쳐나왔다. 노동조건 개선과 여성의 지위 향상, 참정권 등을 요구하며 외쳤다.

"우리에게 빵과 장미를 달라!"

빵은 굶주림을 해소할 생존권을, 장미는 남성과 동등한 참정권을 뜻한다. 그날을 기념하여 매년 3월 8일에는 전 세계 각지에서 여성의 인권과 성평등을 요구함과 동시에 연대와 투쟁의 역사를 기념하고 기린다. 그날 촬영도 그런 취지였다. 세계 여성의날이 제정된 지 100년이 지났지만 여전히 여성은 남성과 동일한 임금을 받지 못한다고, 여성을 대상으로 한 혐오, 성차별, 성폭력이 끊이지 않는다고 말했다.

그런데 어딘가 좀 이상했다. 분명 말을 하고 있는데 아무도 듣지 않고 있다는 기분이 들었다. 카메라 앞에 앉아 있는 패널은 공감하며 박수를 치고 경청했다. 행사를 기획하고 진행하는 두명의 여성 역시 눈을 크게 뜨고 고개를 끄덕였지만 카메라 뒤에 선 사람들은 어쩐지 그렇지 않아 보였다. 어느 누구도 이야기를 듣고 있지 않았다. 여성과 남성이라는 편협한 성별 이분법적인 구분으로 설명하고 싶지 않지만 그랬다. 물론 촬영팀이 행사 내용에 공감하거나 동의할 필요는 없다. 그들은 계약관계에 의해 촬영을 하러 온 것이니 그럴 의무는 주어지지 않는다.

그러나 촬영을 한다는 것, 카메라를 통해 이야기를 듣는다는 건 무엇인지에 대한 의문이 들었다. 현장에 가보거나 인터뷰를 해본 사람은 안다. 카메라 뒤에 선 사람과 앞에 선 사람의 미묘한 긴장관계는 그날의 이야기를 망치기도 하고 성공시키기도 한다는 걸. 다큐멘터리 영화 촬영에서 카메라를 든 사람과 피사체 사이의 관계 맺음이 중요한 요소라고 강조하는 이유이기도 하다.

인터뷰를 진행할 때 질문을 하고 경청하는 사람의 태도에 따라 이야기의 내용과 방법이 결정되기도 한다. 그만큼 논픽션의 영역에서 듣고, 보고, 묻는 태도로 이루어지는 관계 맺음과 그에 따른 긴장은 중요하다. 픽션 영화(극영화)에서도 마찬가지다. 촬영현장에서 배우가 얼마만큼 극에 이입할지는 감독을 비롯한 제작진과의 관계, 촬영장의 분위기에 따라 달라진다.

모든 말이 방향을 잃고 고꾸라졌다. 카메라 뒤에 선 사람들의 무표정한 얼굴, 휴대폰을 꺼내 딴짓을 하는 태도, 허공을 보는 시선, 불편한 분위기에 번번이 미끄러졌다. 심상치 않은 분위기를 읽은 두명의 담당자는 제한된 시간 안에 어떻게든 촬영을 마치기 위해 과도한 감정노동을 했다. 더 크게 고개를 끄덕였고 또렷한 눈빛을 보냈다. 고민이 시작됐다. 이상하지 않냐며 문제를 제기하고 촬영을 중단할 것인가, 과도한 감정노동을 봐서라도 끝까지 해낼 것인가.

사회적 책무가 이겼다. 촬영을 마치기 위해 모두가 노력하고 있으니 일단 끝내기로 했다. 그러던 중 일상 속에서의 성차별이 아무렇지 않게 일어난다는 이야기를 하던 대목이었을까. 갑자기 한숨 소리가 들렸다. 놀라 주위를 둘러봤다. 카메라 뒤에 앉은 누군가에게서 나온 소리였다. 나를 쳐다보는 저 사람이 쉰 한숨일까? 화가 난 표정을 짓고 있는 저 사람일까? 지루해서 그런 걸까? 동의하지 않는다는 뜻인가? 휴대폰을 보며 시간을 때우는 사람이 낸 소리일까? 무의식적이라고 하기엔 너무 큰 한숨 소리였는데? 의심과 의혹이 솟구쳐올랐다. 당혹감을 느낀 건 나만이 아니었다. 다들 어떻게든 한숨 소리가 주는 무력감을 메우려고 갖은 애를 썼다. 도대체 이게 무슨 상황이지?

＊

시어터포올(THEATRE for ALL)[*]은 모두를 위한 극장이라는 이름 그대로 영화, 연극, 퍼포먼스와 같은 콘텐츠, 토론회 등의

---

[*] http://www.theatreforall.net

행사를 모두가 볼 수 있도록 자막과 통역 기능을 더해 제공하는 일본의 배급사이자 온라인 플랫폼이다. 시어터포올의 '모두'는 다양한 감각과 언어를 가지고 살아가는 이들을 포함한다. 일본어, 영어, 중국어, 스페인어 등의 음성언어로 자막을 제공할 뿐 아니라, 시각적인 이미지와 내용을 해설하는 화면해설 자막, 수어통역 영상, 음악을 비롯한 모든 소리를 자막으로 전달하는 전체 자막이 포함된다. 연극이나 퍼포먼스, 토론회 같은 행사를 기록하여 자막과 통역을 제공하기도 한다. 비장애인 중심으로 제작되는 콘텐츠에 단순히 배리어 프리(Barrier Free) 자막을 제공하는 것에서 벗어나, 다른 감각을 가지고 살아가는 이들의 이야기를 콘텐츠로 만들어 배급한다. 다큐멘터리 영화 「하얀 새(白い鳥)」는 시어터포올에서의 배급을 전제하고 만들어진 작품이다.

영화는 이와 같은 질문을 던진다.

"시각장애인은 미술관에서 작품을 어떻게 감상할까?"

주인공 시라토리 겐지는 20년 동안 미술작품을 감상해온 시각장애인이다. 영화는 그가 밥을 해 먹고 공과금을 내고 장을 보는 것처럼 미술관에 가는 일 역시 평범한 일과 중 하나라고 소개한다. 그러나 그가 미술관에 등장하면 사람들은 당혹스러워한다.

"시각장애인이 미술작품을 관람한다고?"

"보이지가 않잖아? 작품은 만질 수 없는데?"

그가 원하는 건 작품을 만지는 것이 아니었다. 그는 언어로 작품을 감상하길 원했다. 요청에 따라 작품을 언어로 옮겨줄 해설자가 붙었다. 시각을 제외한 다른 감각의 확장으로 삶을 살아가는 그가 관람객이 되자 미술관은 완전히 다른 공간이 된다. 낯설게 보고 새롭게 듣기를 촉진한다. 그와 동행하는 사람들은 기존과는 다른 방식으로 작품을 본다. 시각이라는 감각을 사용하지 않는 이에게 작품을 어떻게 소개할지 고민하며 눈에 보이는 것을 묘사한다. 그의 감각체계 속에서 작품이 어떻게 그려질지 상상한다. 해설을 넘어 통역을 한다. 보다 적극적으로 보고 말하고 듣는다. 작품을 다르게 감상하고 감각하는 법을 체득한다. 그들은 "불쌍한 장애인에게 혜택을 제공하는 것이 아니라 다른 감각을 통한 새로운 방식의 보기, 사유하기, 말하기, 듣기가 이루어진다"고 말한다.

감독도 마찬가지다. 주인공이 어떻게 '듣고' 있는지를 영화라는 시청각매체를 통해 이미지와 소리로 풀어낸다. 음성언어의 세계를 보고 듣는 영역으로 확장시켜 새롭게 재해석한다. 관객은 영화를 보며 적극적으로 주인공과 해설자에게 감정이입을 한다. 내가 해설자라면 저 작품을 어떻게 설명할 것인가? 주인공이라면 어떻게 상상하고 감각할까? 나는 과연 어떻게 보고 있으며 어떻게 듣고 있는가?

＊

영화 「하얀 새」가 던지는 질문은 명확하다. 말하고, 듣고, 본다는 것은 과연 무엇인가.

카메라 앞에 앉으면 많은 것들이 보인다. 시선을 던져야 할 카메라의 렌즈, 사회자의 얼굴 표정과 눈, 말하고 듣기를 통해 형성되는 상호 신뢰관계인 라포르(Rapport), 그와 나 사이의 긴장, 카메라 뒤에 서 있는 사람들의 표정과 태도까지. 이를 통해 그들은 나의 1차 관객이 된다. 촬영팀이 카메라를 조작하며 고개를 끄덕이거나 엄지를 세우며 눈을 동그랗게 뜨고 나와 시선을 맞추면 그제야 나의 말이 어디를 향하는지 알 수 있게 된다. 그럼 더 잘 말할 수 있다. 그가 내 말을 듣고 있고, 나는 그쪽을 향해 말하고 있으니까. 나는 그를 보고 있고, 그 역시 나를 보고 있다는 걸 알고 있으니까.

누군가는 장애인이 등장하는 영화와 배리어 프리 자막이 앞서 언급한 한숨 소리와 무슨 관계가 있느냐고 물을지 모른다. 페미니즘과 장애를 다 떠나서, 이 모든 건 잘 듣고 말하고 보는 일에 관한 이야기다. 페미니즘에 대한 백래시도, 장애에 대한 혐오와 차별도, 결국 다름을 어떻게 마주할 것인가에 대한 것이다. 당신의 말을 잘 듣지 못해서, 제대로 보지 못해서, 다르게 말하기 어려워서 만들어진 상황은 아닐까.

우리는 어떻게 보고 있는지, 타인의 경험과 감각을 상상하며 말하고 있는지 질문한다. 나의 위치가 아닌 너의 위치에서 듣고 있는지, 어떻게 하면 다르게 생각하고 사유하고 행동할 수 있을지 생각해본다.

## 다시 태어나도 나의 자녀로 태어나줘

영화를 찍겠다고 엄마, 아빠를 인터뷰했을 때다. 학교생활
은 어땠냐고 묻자 엄마가 말했다.

"매일같이 벽돌 날랐어. 학교에서 배우는 거 하나도 없었
어. 기숙사에 살았는데 새벽같이 일어나 건축자재를 나르며 학
교건물을 직접 지어야 했어."

아빠는 맞장구를 쳤다.

"맞아. 기숙사에 사는 학생들은 매일 새벽에 강제노역 했
어. 나는 집에서 통학했는데 오후에도 노역을 하곤 했어."

엄마는 힘들고 버거워 제발 통학하게 해달라며 부모에게
졸랐다고 회고했다. 나의 부모, 이상국과 길경희는 1960년대
후반부터 1970년대까지 청각장애 및 지적장애 학생들을 대상

으로 한 특수학교인 대전원명학교에서 초·중등 교육을 받았다. 당시 학교에서의 강제노역은 일상과도 같았다. 학교에서 공부를 해야지 왜 건물을 지어야 했느냐고 묻자 엄마는 선배들은 더했다고, 우리는 그나마 남는 시간에 수업이라도 했지 선배들은 단 한시간의 수업도 없이 하루 종일 강제노역을 했다고 말했다. 화를 내거나 끔찍해할 법도 한데 과거를 회상하는 엄마와 아빠의 표정은 그렇지 않았다. 허탈하게 웃었다. 잘 모르겠지만 그땐 다들 그랬다고. 그래서 그러려니 하고 넘어가게 되었다고 말이다. 그건 비단 둘만의 일이 아니었다. 대전 지역뿐 아니라 청각장애인을 대상으로 한 특수학교에서는 이와 같은 경우가 비일비재했다.

수업시간은 어땠는지 물었다. 아빠는 교사가 수어를 몰라 음성언어로 수업을 했다고, 무슨 말인지 알아들을 수 없어 엎드려자는 것 말고는 할 수 있는 게 없었다고 손으로 말했다. 나와 부모의 생을 알고 싶어 카메라를 들었는데 이해할 수 없는 것투성이였다. 교육권을 침해받았으니 따져묻고 항의해야 하는 것 아니냐고 묻자 부모는 늘 해왔던 말을 반복했다.

"농인 때문 방법 없다(농인이라 어쩔 수 없어)."

*

　부모는 비장애인 중심 사회에서 수어를 사용하는 농인으로 살아왔다. 자신의 언어인 수어로 제때 교육받지 못했다. 나의 엄마, 길경희는 열한살이 되어서야 농학교에 입학했다. 기숙사에 들어서자 사람들이 손과 얼굴 표정으로 말을 걸었다. 처음으로 언어라는 것을 배웠다. 수어로 숫자를 세는 법을 익히고 과학실험도 하고 한국어를 읽고 쓰는 법도 배우면 좋았겠지만 특수교육의 한계로 그럴 수 없었다. 교육권을 비롯한 시민권, 자유권, 복지권과 같은 아동의 권리가 침해되었다. 그러나 모두가 어쩔 수 없다고 말했다. 무엇이 자신의 권리인지 배우지 못했다. 의문을 품고 항의하더라도 말을 제대로 통역해줄 사람이 없었다. 언어·문화적 소수자로서 체념하게 되는 일만 반복되었다.

　엄마는 그래도 학교에 다닐 수 있어 다행이라고 말하는 사람이 되었다. 학교 선생님이 수어를 잘하지 못해도, 학교에서 배우는 거 없이 벽돌만 날라도, 급식이 부실해도, 농인학생들을 대상으로 한 성폭력·성추행과 같은 일이 벌어져도 "농인 때문 방법 없다"고만 말했다. 광주에 위치한 농학교인 광주인화학교에서 벌어진 아동성폭력, 아동학대사건을 소재로 한 영화 「도가니」가 개봉하여 큰 화제가 되었을 때 엄마와 아빠는 놀라지 않았다. 원작 소설을 쓴 작가가 실제 일어난 사건 중 10분의 1 정도만 썼다고 말했을 때도 그렇다고 고개를 끄덕였다.

부모의 태도를 쉽게 이해할 수 없어 나처럼 농인부모에게서 나고 자란 코다를 만났다. 그들의 부모 역시 학교에서 강제 노역을 했던 경험이 있었다. 대다수가 그런 경험을 했는데 어째서 이 사안은 제대로 밝혀지지 않는지, 당사자인 농인은 왜 비장애인 중심의 사회구조와 맞서싸우지 않고 단념하기를 반복하는지 물었다. 차별과 배제의 경험이 쌓여 체념적 태도를 갖게 되는 건 알겠지만 가끔 당사자는 싸울 의지가 없는데 농인도 아닌 내가 분노하며 항의하는 게 맞는지 의문이 든다고 하자 코다 하나가 말했다.

"우리는 농인부모와 달라요. 우린 청인으로 태어나 음성언어로 더 나은 교육을 받고 더 나은 환경에서 살아가죠. 들을 수 있기에 더 많은 정보를 습득할 수 있고요. 코다는 '듣는 권력'을 가지고 있는 거예요."

그는 청인 기준으로 보면 이해가 되지 않기도 하고 답답하기도 하지만 농인의 경험은 코다와 청인의 것과는 다르다고. 코다는 농인부모에게서 태어나 농사회와 청사회의 접점에서 두 가지 사회를 모두 경험했기에 이를 바탕으로 농인의 조력자이자 지지자가 되어야 한다고 했다. 관점에 따라 방법과 방식은 다를 수 있고 그들의 속도를 존중하며 협력해야 한다고 말이다.

＊

영화「학교 가는 길」은 서울 강서구의 특수학교인 서진학교를 개교하는 과정에서 일어난 지역사회 갈등과 장애학생 부모들의 이야기를 담은 다큐멘터리 영화다. 감독은 강서구에 특수학교가 단 하나뿐이라 매일 왕복 4시간을 들여 무의미하고 지루한 표정으로 스쿨버스를 타고 학교에 다니는 발달장애 학생들의 모습을 보여준다. 영화의 시선은 장애학생들에서 부모로 옮겨간다. 부모들은 '강서구에 내 아이가 다닐 학교가 있었으면 좋겠다'는 간단하고도 당연한 소망을 품는다. 서울시 교육청과 전국장애인부모연대는 폐교된 강서구 가양동의 공진초등학교 부지에 특수학교를 설립하자고 주장하지만 가양동 주민들의 '장애인이 싫어서' 혹은 '특수학교가 들어서면 땅값이 떨어져서'라는 지역이기주의에 부딪힌다. 이에 전국장애인부모연대는 2013년부터 2018년까지 가양동에 특수학교를 짓기위한 투쟁을 전개한다.

영화는 장애학생 부모와 특수학교 설립을 반대하는 주민들을 단순한 선악의 구도로 그리지 않는다. 이 문제는 가양동 주민들의 지역이기주의만으로 설명할 수 없으며 가양동의 실패한 주택정책 및 정치공약으로 형성된 지역 일대의 특수성을 보아야 한다고 말한다.

1990년대 초반 가양동 일대에 영구 임대아파트가 집중적으로 건설되자 대규모 단지 아파트에 사는 부모들은 저소득층이 사는 임대아파트 학생들이 다니는 학교에 아이를 보낼 수 없다는 민원을 제기한다. 서울시 교육청의 승인으로 대규모 단지 아파트 학생들은 길 건너에 있는 학교에 다니고 임대아파트 학생들은 공진초등학교에 다니게 된다. 당시 공진초 전교생의 70%가량이 기초생활수급자로 한부모가정과 조손가정, 소년소녀가장 등 저소득층이 대부분이었다. 이후 임대아파트 단지의 고령화로 인해 학생 수가 줄어듦에 따라 공진초등학교는 폐교를 결정한다. 공진초등학교 학부모들은 지역주민을 상대로 학교를 지켜달라는 운동을 하지만 별다른 호응을 얻지 못한다. 2015년 2월 공진초등학교는 폐교된다.

그 자리에 장애학생 부모들이 특수학교 설립을 인가해달라며 지역주민들을 상대로 무릎을 꿇는다. 2017년 9월 강서구 서진학교 설립을 위한 주민설명회에서의 장면이다. 그러나 공진초등학교 폐교를 막기 위해 싸웠던 이들은 특수학교 건립을 위해 투쟁하는 장애학생 부모들에게 연대하지 않는다. 자신들이 당한 분리와 차별을 어떻게 보면 되풀이하고 있는 것이다. 감독은 가양동 일대의 역사적·지역적 맥락을 보여주며 이는 단순한 장애문제가 아니라 한국사회의 '분리 욕망'이 투사된 사건이며 계급과 계층을 나누는 구분 짓기의 유구한 역사라는 점을 짚는다.

집 앞에서 장애인을 보고 싶지 않다고 악을 쓰는 주민들 앞에서 특수학교 설립운동 당사자는 말한다. 나도 장애를 가진 아이의 엄마가 되기 전에는 몰랐다고, 당신들처럼 장애인과 특수학교 설립과는 상관없는 삶을 살았다고, 그런데 장애가 있는 아이를 낳게 되면서 이 문제는 나의 것이 되었다고, 당신과 나는 그렇게 다른 사람이 아니라고 말이다.

2020년 3월 서진학교는 마침내 개교한다. 그러나 2017년 무릎을 꿇으며 호소했던 어머니들 중 몇몇은 투쟁이 길어져 정작 자신의 자녀들을 서진학교에 보내지 못한다. 그러나 그 누구보다 반짝이는 얼굴로 기뻐한다. 그들은 발달장애인은 특수학교를 졸업하고 나면 갈 데가 없다며 사회에 정착할 수 있는 인프라를 구축하여 장애인과 비장애인이 연립할 수 있는 사회를 만들어야 한다고 말한다. 길고 긴 투쟁 속에서 전국장애인부모연대는 사안과 관점을 확장한다. 장애아동의 교육권으로부터 출발한 문제는 다양한 몸과 정체성을 가진 이들이 어떻게 함께 살아갈 수 있을지에 대한 고민으로 이어진다.

*

영화 「학교 가는 길」의 하이라이트는 서진학교의 개교이지만 눈물 나게 아름다운 장면은 바로 결말이다. 길고 긴 투쟁을 해왔고 또다시 비장애인 중심 사회에서 일상적 투쟁을 해나가는 부모들은 자녀들에게 영상편지를 보낸다.

"네가 이 세상에 온 이유가 있다고 생각하는데. 나를 좀 괜찮은 사람으로 만들어준 것 같아."

김정인 감독은 평소 장애문제에 관심 있는 편은 아니었지만 딸을 둔 부모 입장으로 서진학교 신설 토론회에 가봐야겠다는 생각이 들었고 그 길로 영화를 만들기 시작했다고 한다. 그에게 이 작품은 자신의 딸과 딸의 친구들에게 보내는 영상편지다.

농인, 소인, 다운증후군, 자폐증, 정신분열증, 신동, 강간으로 잉태된 아이, 범죄자가 된 아이, 트랜스젠더 등의 예외적인 정체성을 가진 자녀를 둔 가족들에 대해 이야기하는 책『부모와 다른 아이들』에서 앤드류 솔로몬은 "가족은 차이를 둘러싼 관용과 불관용의 시험대이며, 차이를 받아들이는 법을 배우는 이런 과정이 강조될 수 있는 가장 원초적이고 시급한 장소"라고 쓴다.

평생을 비장애인으로 살다 장애를 가진 아이를 양육하면서 세상을 다르게 보게 되었다고, 다음 생에도 그다음 생에도 엄마가 한빛이 엄마 할 테니까 그때도 엄마 아들로 태어나줬으면 좋겠다고 한치의 머뭇거림 없이 말하는 장애학생 부모를 보며 확신한다. 서로 다른 정체성과 몸의 서사를 가진 이의 가족이 되는 것은 중요하고 필요한 일이다. 비록 그 과정이 쉽지 않더라도 말이다. 솔로몬은 다운증후군을 가진 아이의 부모에게 요술 지팡이가 생긴다면 어떻게 하겠느냐고 묻는다. 그들은 내 아이에게서 당장 다운증후군을 없애겠노라고, 그러나 장애아동의 부모로서 경험한 것들은 무엇과도 바꾸지 않을 것이라고 고백한다. 그 경험이 지금의 우리를 만들었고 지금의 우리가 어쩌면 다른 삶을 살았을 우리보다 훨씬 낫기 때문이라는 이유에서다.

"농인 때문 방법 없다"고 말하는 농인부모의 얼굴 표정을 떠올린다. 그건 단순한 체념이 아니다. 유구한 억압과 차별의 역사 속에서 생겨난 생존전략이다. 소리를 들을 수 있고 음성언어로 말할 수 있는 나는 얼굴 표정과 손을 움직여 말하는 부모를 경유하여 이 사회를 바라본다. 장애아동을 둔 부모가 되어서야 비로소 불평등한 사회구조를 보게 되었다는 영화 속 주인공들처럼 말이다. 그들의 말처럼 그건 좀 괜찮은 일이다.

## 지도를 제시하는 언어

장애인의날이 싫었다. 장애부모를 두고 있다는 이유로 그 날에만 특별하고 거창하게 호명되는 게 싫었다. 농인부모는 종종 표창장을 받으러 단상에 올랐다. "귀하는 장애를 극복하고 어려운 역경에서도 희망을 잃지 않았으므로 이 상을 드립니다" 같은 문구가 적혀 있었다. 이상했다. 엄마와 아빠는 그저 농과 함께 살아갈 뿐인데 왜 극복했다고 말하는지, 어째서 장애는 불쌍하고 안타까운 것이 되는지 알 수 없었다.

학교에서는 장애인의날이라고 '장애체험'을 했다. 눈을 가려 앞이 보이지 않거나 한쪽 팔이나 다리를 쓸 수 없다거나 하는 식으로 신체의 자유를 제한했다. 수업을 마치고 감상을 나눴다. 친구들은 장애인이 이렇게 힘들고 어렵게 사는지 처음

알았다고 고백했다. 장애인의날이 끝나면 장애는 사라졌다. 그러나 집으로 돌아가면 청각장애를 가진 부모가 있었다. 복잡한 마음이 들었다. 앞을 볼 수 없고 소리를 들을 수 없고 다리를 쓸 수 없는 것은 왜 가여운 것이 되는지 이해할 수 없었다. 왜 결여와 손상에만 초점이 맞춰지는지 궁금했다. 장애인과 장애인가정은 어째서 이런 날에만 호명되는지 알고 싶었다.

일련의 경험을 한 후로는 아무것도 하고 싶지 않았다. 장애인가정이라는 이유로 단상에 불려 올라가는 것도 싫었고 그런 부모를 보는 것도 싫었다. 이럴 거라면 제발 아무것도 하지 말아달라고 빌었다. 이 날에 대한 인식이 바뀐 건 한참 후였다. 정부, 정치가, 기업가 등이 장애인의날을 대중적 이미지를 홍보하는 수단으로 쓰거나 허울뿐인 장애인 복지정책을 내놓는 수단으로 악용하는 것을 비판하며, 시혜와 동정의 날이 아닌 장애인을 차별하고 억압하는 사회구조를 알리고 공감대를 확장하는 의미로서 '장애인차별철폐의날'로 부르자고 투쟁하는 사람들이 있다는 것을, 그 투쟁의 역사를 이어온 이들이 있다는 걸 알게 되고서야 나는 '장애인차별철폐의날'을 괴롭지 않은 마음으로 대하게 되었다.

*

　　박종필 감독의 작품「버스를 타자!: 장애인 이동권 투쟁보고서」는 휠체어를 탄 장애인들이 지하철을 타는 장면으로 시작한다. 장애인 이동권을 보장하라는 문구를 목에 건 장애인 당사자들이 집단 승하차를 한다. 열차 출발이 지연되자 어떤 승객은 눈살을 찌푸린다. 어떤 이는 자신이 미국에서 왔는데 거기는 이렇게 시위하지 않는다며 짜증을 낸다. 누군가는 왜 시민을 볼모로 잡아서 이런 시위를 하느냐며 화를 낸다. 영화는 휠체어를 타고 열차에 오르내리며 이동하는 모습을 담는다. 다른 승강장으로 향하는 계단 앞에서 휠체어 리프트의 버튼을 누른다. 제대로 작동되지 않는다. 호출 버튼을 눌러도 아무도 오지 않는다. 설사 작동이 되더라도 안전장치에 문제가 있어 위험하다. 카메라는 계단 아래서 리프트를 타고 올라가는 모습을 담는다. 속도가 느려 지루하다. 그러나 감독은 장면을 편집하지 않고 그대로 보여주기를 택한다. 관객은 영화라는 시청각매체를 통해 대중교통을 이용하는 일이 누군가에게는 불안하고 위험하며 때로는 한없이 불편하고 지루한 시간임을 감각한다.

　　영화는 2001년 1월 오이도역에서 장애인 노부부가 리프트를 타다가 추락해 사망하는 사건으로부터 출발한 장애인이동권쟁취를위한연대회의(이하 장애인이동권연대)의 투쟁을 좇는다.

21년 전 제작된 이 영화에 등장하는 말들은 낯설지 않다. 영화 초반에 나오는 "왜 시민을 볼모로 잡아서 지하철에서 시위를 하느냐"는 말은 2022년 3월 이준석 국민의힘 대표가 전국장애인차별철폐연대(이하 전장연)의 이동권 시위를 "서울시민을 볼모로 삼아 불법시위를 한다"고 말한 것과 정확하게 닮았다.

다시 영화로 돌아가보자. 2001년 서울시 보건복지국장과 면담하면서 장애인이동권연대의 요구안을 전달하고 시장 면담을 요구하는 장면이다. 국장은 이번 시장이 취임하면서 과거에 없던 장애인 복지과를 새로 만드는 등 장애인 복지에는 신경을 많이 쓴다고 강조한다. 서울시 장애인복지과장은 우리는 진짜 장애인을 위해서 최선을 다하려고 하는데 이렇게 시위를 하고 언론에 폭로를 하니까 장애인 편의시설에 대해 열의를 줄여야 겠다고 생각하게 된다고 우는소리를 하며 협박 아닌 협박을 한다. 이는 이준석 대표가 2022년 4월 13일 JTBC 「썰전 라이브」 에 출연해 전장연의 박경석 대표와 장애인 이동권 시위에 대해 토론할 때 "(장애인 이동권) 약속이 지연될 수 있지만 앞으로 가고 있지 뒤로 가고 있지 않다"고 말하는 장면과 겹친다.

2001년 보건복지부 통계조사에 따르면 장애인 10명 중 7명이 한달에 다섯번도 외출하지 못한다고 답했다. 2020년에는 8.8%의 장애인이 한달에 한번도 외출하지 않고 12.9%의 장애인이 많아야 세번 외출한다고 답했다. 외출하지 못하는 이유로 64.8%의 장애인이 장애 때문에 몸이 불편하거나 외출 도우미가 없어서를 꼽았다. 박경석 대표는 20년 동안 장애인의 삶은 수치로 따지자면 -100에서 -80 정도가 되었을 뿐이라고, 20 정도가 나아졌지만 여전히 마이너스 수준이라고 말한다.

2001년 장애인이동권연대의 투쟁과 2022년 전장연의 장애인 이동권 시위를 둘러싼 혐오의 말들은 끔찍하게도 닮았다. 그러나 20년이 넘는 시간 속에서 당사자들은 비장애 중심 사회구조에 굴복하지 않고 이 투쟁을 장애인의 전반적인 인권을 보장하기 위한 시민운동으로 확장해낸다. 장애인에게도 이동할 수 있는 권리를 보장하라는 외침과 함께 교육권, 노동권, 탈시설 권리와 이를 위한 권리 예산 확보를 주장한다. 이는 한국사회에서 가장 뜨거운 의제가 된다.

*

이들은 장애인 이동권, 교육권, 노동권의 기본이 되는 바탕은 탈시설 권리라고 말한다. 시설에서 나와야 지역사회에서 이동하고 교육받고 노동할 수 있다는 말이다. 2022년 4월 20일, 장애인차별철폐의날에 맞춰 출간된 책 『집으로 가는, 길』은 국내 최초로 폐지된 장애인 거주시설 '향유의집' 거주인과 임직원이 통과한 연대의 기록이다. 장애인 이동권과 교육권, 노동권, 탈시설 권리를 말하는 것이 불가능하고 허무맹랑한 이야기가 아니라 이미 도래한 현재라는 것을 정확하게 증명한다.

경기 김포시에 위치한 '향유의집'에서 살던 한 장애 당사자가 시설 내부의 비리를 최초로 고발하는 것으로부터 이야기는 출발한다. 거주인들은 직원들에게 비리 폭로에 함께해달라고 부탁하며 이를 증명할 자료를 모은다. 휠체어를 타고 시설 바깥의 장애운동단체를 비롯한 탈시설운동가들을 찾아가 연대를 요청한다. 투쟁은 시설 바깥의 이동권 투쟁을 비롯한 장애운동과 만나며 힘을 얻는다. 평생을 시설에서만 살아왔던 거주인들은 정해진 시간에 시설에서 밥을 먹지 않아도 괜찮다는 것을 배운다. 휠체어를 타고 멀리 떨어진 영화관에 가 영화를 보는 일이 정말 재밌고 신나는 일이라는 것도 알게 된다. 휠체어 탑승이 가능한 버스의 막차가 끊겼을 때 혜화에 위치한 노들장애인야학에서 외박을 할 수도 있고, 탈시설을 한 동료의 집에 찾아가 양해를 구할 수도 있음을 깨닫는다. 이들은 연결과 연대의 감각을 체험해나가며 시설 내부의 비리를 척결하기 위해 1인 시위를 비롯한 노숙 농성을 하면서 투쟁을 전개한다.

놀랍게도 이 투쟁은 성공한다. 시설 내부의 비리를 폭로하는 데 그치지 않고 한국사회 최초로 자발적으로 시설을 폐지해낸다. 모든 거주인을 시설 바깥으로 탈출시켜 사회에 정착하도록 지원한다. 이 모든 과정을 만들어낸 장애 당사자를 비롯하여 거주인, 직원, 탈시설장애운동가들의 이야기를 구술과 사진 기록으로 엮어낸 것이 바로 이 책이다. 탈시설이 어느 날 하늘에서 뚝 떨어진 것이 아니라 시설 안의 사람들과 시설 바깥의 사람들이 장애운동으로 연대하며 이뤄낸 성과임을 보여준다.

권리를 찾는 과정은 자신의 언어를 찾는 과정이 되기도 한다. 탈시설운동가로서 '향유의집'을 포함한 여러 시설을 관리하는 재단의 이사장이 되어 거주인의 탈시설과 시설 폐지를 추진한 김정하는 발달장애인이 탈시설을 하게 되면 언어가 발달한다고 말한다. 시설에 있을 때는 그 사람을 호명해서 대화하는 일이 없는데 자립해서는 무엇을 먹을지, 어디를 갈지, 어떤 게 좋은지 등의 일상적 대화를 하게 되고 그 과정에서 언어가 발달한다고 말이다. 이는 연구로도 증명된 사실이다. '향유의집' 사무국장 강민정은 "환경이 바뀌면 관계망이 변하고 활동범위가 달라지고 삶이 변한다"고 쓴다.

*

앞서 언급한 JTBC「썰전 라이브」장애인 이동권 시위 토론에서 두 사람의 언어는 판이하게 달랐다. 현장에서 당사자로서 장애운동을 해왔던 박경석 대표와 정치를 하며 TV토론 같은 미디어 훈련이 되어 있는 이준석 대표의 언어는 프로그램의 포맷과 방송국이라는 공간, 제한된 시간 안에서 어떤 언어와 발화의 방식이 유효하게 작동하는지에 대해 생각하게 한다.

박경석 대표는 토론이 시작되자마자 뜬금없이 랩을 했다. "내 모습 지옥 같은 세상에 갇혀버린 내 모습"이라는 가사로 시작하는 노래는 2001년 이동권 투쟁 당시 민중가수가 만들어준 음악이다. 차분하고 적확하며 또박또박한 발음으로 말하지 못하면 그 아무리 맞는 말이라 하더라도 조롱의 대상이 되는 공간 안에서 박경석 대표는 20년 전부터 이어온 투쟁의 역사를 자신만의 언어로 발화하기를 택한다. 비장애 중심 사회에서 차별과 억압을 받아온 장애 당사자가 토론자로 섰을 때 어떤 언어로 말하고 들어야 할지 고민하게 되는 순간이다.

방송에는 수어·자막통역이 제공되지 않았다. 농인 및 청각장애인은 두 사람이 두시간 내내 무슨 말을 했는지 접근조차 할 수 없었다. 그건 휠체어를 탄 박경석 대표의 시선과 의자에 앉은 비장애인 이준석 대표의 눈높이 위치가 달라 한쪽이 한쪽을 내려다보는 시선이 형성되었던 것과 같이 불평등한 조건이었다. 생각해본다. 만약 농인이 정보접근권과 농접근권을 보장해달라는 주장을 하기 위해 토론에 나선다면 그의 언어는 어떻게 통역할 것인가. 다수가 음성언어를 쓴다는 이유로 음성언어가 토론의 공용어가 되는 것이 공정한가. 발달장애인이 토론현장에 나온다면 우리는 어떻게 그의 언어를 해석하고 통역에 소요되는 시간을 기다릴 것인가. 사회는 그런 동등한 출발점을 만들 준비가 되어 있는가. 우리는 어떤 몸과 언어를 중심으로 사고하고 세상을 바라보는가.

이들의 투쟁을 두고 누군가는 다 좋은데 여기서 하지 말라고, 지하철이 아니라 정부나 국회에서 하라고들 한다. 그러나 이는 정부와 국회만의 문제가 아니다. 2005년 국가인권위원회의 '장애인생활시설 생활인 인권상황 실태 조사' 보고서는 "시설이 인권침해의 온상이었음에도 유지될 수 있었던 것은 정부, 시설운영자, 장애인의 가족, 국민 등 4자 간 침묵의 카르텔 때문"이었다고 지적한다. 이는 나와 다르다는 이유로 장애인을 시설에 격리하고 침묵하고 방조했던 사회 전체의 문제다.

20년이 넘도록 변하지 않은 혐오의 말들을 마주할 때면 절망하다가도, 투쟁의 역사를 만들어온 이들을 보면 그래도 조금씩 나아지고 있다고 믿게 된다. 감히 상상하기도 어려운, 새로운 세상으로의 지도를 제시하는 이들의 언어를 한번 더 믿고 싶다. 그들이 내게 끔찍하게도 싫은 장애인의날이 아니라 '장애인차별철폐의날'이라는 혁명의 언어를 주었던 것처럼 말이다.

## 시점과 당사자성의 힘

　10대 후반, 글을 쓰겠다고 한 언론사가 주최하는 글쓰기 캠프에 참가했을 때의 일이다. 캠프 기간 동안 지역에 머무르며 그곳을 기반으로 한 기사를 써야 했다. 향후 귀농을 하고 싶은 청소년이었던 나는 도시에서 살다가 농촌에 귀농한 이들과 농촌에서 오래도록 살아온 토박이, 그리고 그 경계에 있는 이들을 만나 이야기를 듣고 기사를 쓰겠다고 발표했다. 기획 내용을 듣던 멘토가 물었다.

　"그 아이템을 왜 도시에 사는 10대 후반인 보라가 써야 하죠? 보라만이 쓸 수 있는 특별한 게 있나요?"

　시점에 대한 질문이었다. 누구의 시점으로 글을 풀어갈 것인지, 이야기 속에서 작가는 어디에 위치하는지, 이는 이야기에 어떤 영향을 미치는지에 대한 고민이 필요하다는 지적이었다. 당시의 나는 그 말을 정확하게 이해하지 못했다. 사회적인 이슈를 다루는 기사는 무조건 타인이나 타인의 일에 대해 객관적인 시선을 겸비하고 적당한 거리를 두고 써야 하는 것인 줄만 알았다. 다큐멘터리 영화 또한 객관적이라고 믿었다. 어느 쪽에도 편향되지 않고 중립적인 시선을 가져야 한다고, 그것이 가능하다고 착각했던 것이다.

그런데 정작 나의 마음을 사로잡는 논픽션 작품은 1인칭 화자의 시점으로 서투르더라도 자신의 이야기를 해내려 시도하는 것들이었다. 카메라를 잘 다룰 줄 모르지만 누구도 찍기 어려운 가족의 내밀한 이야기를 해보려고 하는 다큐멘터리 영화, 유려한 문체는 아니지만 담담하고 진솔하게 자신의 이야기를 적어내려가는 에세이, 투쟁의 현장에서 자신의 경험을 있는 그대로 생생하게 보여주는 르포까지. 그런 작품을 보고 읽으면 힘이 났다. 자신의 시점에서 바라보고 경험한 이야기를 풀어가는 것이 얼마나 큰 진정성을 더하는지, 당사자성에 기반을 둔 정체성과 주체성, 주도권이 얼마나 중요한지 깨달았다. 기술과 기교보다 1인칭의 시점으로 화자가 되어 이야기를 이끌어나가는 것이 더 매력적이라고 느꼈다.

＊

영화 「리틀 팔레스타인, 포위된 나날들」은 1인칭 다큐멘터리 영화(First-person Perspective Documentary)의 시점과 당사자성을 정확하게 보여준다. 영화는 시리아 다마스쿠스 야르무크에 위치한, 1957년 이후 세계에서 가장 큰 팔레스타인 난민 캠프였던 야르무크 캠프에서의 일들을 다룬다. 캠프에서 나고 자란 압달라 알카티브 감독은 시리아 내전이 발발한 뒤 2013년부터 봉쇄된 날들을 카메라에 담기 시작한다. 영화감독을 꿈꿨던 것도 아니고 어떤 영화를 만들겠다는 뚜렷한 기획의도가 있었던 것도 아니다. 언제가 될지 알 수 없는 봉쇄 해제를 기다리며 감독은 한번도 다뤄본 적 없는 카메라를 든다. 캠프 내부에서의 일들을 기록하는 그를 보고 친구들과 주민들도 카메라를 든다. 하늘에서 갑자기 폭격이 쏟아질 때도 사방에서 총알이 날아들 때도 카메라는 이들과 함께한다.

봉쇄된 캠프에서의 날들은 비참하다. 평온했던 일상이 무너지고, 건물이 붕괴되고, 방금까지 함께 웃고 떠들었던 이들이 죽고, 전기가 끊기고, 일용할 양식이 떨어진다. 말 그대로 그 누구도 나가지도 들어오지도 못하는 상황이다. 사람들은 거리를 살피며 혹시라도 버려지거나 남은 음식이 있는지 찾아다닌다. 폐허 더미에서 밀가루로 추정되는 정체 모를 가루를 발견하자마자 황급히 털어 먹기도 하고, 곧 굶어죽을 것 같은 가족에게 한줌 먹이기도 한다. 봉쇄된 마을 사이를 뚫고 음식이 배급되기라도 하면 주민들은 거리에 솥을 걸고 물을 끓인다. 밀가루를 포대째로 풀어 밀가루 죽을 끓인다. 사람들은 덜 풀린 밀가루가 동동 떠다니는 묽디묽은 죽을 배급받기 위해 양동이를 들고 거리로 나선다. 모두가 줄을 서서 차례로 배급받는다. 이유도 기한도 알 수 없는 참혹한 풍경이다.

그런 상황에서도 감독은 카메라를 들고 일상을 담는다. 촬영된 영상을 어떻게 캠프 밖으로 가져갈 수 있을지 알 수 없어도 촬영은 계속된다. 주민들은 계속해서 인간으로서의 품위를 지키려고 노력한다. 얼마 없는 음식을 나눠 먹고, 총에 맞은 사람을 어떻게든 구해내고, 다 떨어진 의약품을 나누며 치료한다. 봉쇄의 끝을 기다리며 거리 한가운데 모여 춤을 추고 노래한다. 아이들은 고사리 같은 손으로 먹을 수 없는 풀이라는 걸 알면서도 풀을 캔다. 이거라도 끓여 먹지 않으면 안 된다고 말하며 폭격이 떨어지는 광경을 아무렇지 않게 바라본다.

그러나 야르무크 캠프를 봉쇄하고 총을 쏘고 폭격을 하는 것 또한 인간이다. 이유를 알 수 없는 죽음들이 이어지고 인간이란 무엇인지 회의를 느낄 때쯤 피아노 연주가 시작된다. 폭격이 잠잠해진 틈을 타 마을 청년들이 피아노를 끌고 온다. 여러명이 붙어서야 겨우 움직일 수 있는 큰 피아노가 거리 한가운데 자리한다. 무너진 건물들과 잔해 속에서 연주자는 피아노에 앉는다. 조율한 지 오래되어 엉성한 소리가 난다. 사람들은 주위에 둘러앉아 음악을 듣는다. 입을 모아 노래한다. 감독은 기록이라는 행위를 통해 봉쇄된 시간 자체를, 영화를 보고 있는 관객을 포함한 우리 모두의 '공동의 시간'*으로 만든다. 이를 통해 삶이란 무엇인지, 자유의 모습과 형태는 어떠해야 하는지, 평화는 어디에 있는지, 인간의 존엄성이란 무엇인지 묻는다. 질문은 영화가 촬영된 2013년부터 2015년까지라는 과거의 시간을 넘어 영화를 보고 있는 관객의 현재로 당도한다.

영화 속에서의 시간 이후 감독은 캠프를 떠나 난민으로 살아가기를 결심한다. 어딘가에 무사히 정착할 때까지 목숨처럼 푸티지(Footage)를 지킨다. 감독은 난민으로서의 생활이 안정되기 전까지 한번도 영상을 돌려본 적이 없다고 말한다. 봉쇄된 캠프에서는 전기를 사용할 수 없었을뿐더러 영상을 보고 편집할 여건이 되지 않았기 때문이다. 그건 난민으로서 삶을 살아낼 때도 마찬가지였다. 한참의 시간이 지나서야 감독은 야르무크 캠프에서의 푸티지를 마주한다. 그렇게 영화는 우리에게 도착한다.

한치 앞을 내다볼 수 없는 상황에서도 아름다움을 좇아 노

---

* 곽소진 「길 위에서 포개지는 시간」, 이길보라·곽소진·서새롬·조소나 『기억의 전쟁』, 북하우스 2021.

래하고 소리치고 연대했던 난민 캠프 현장을 담은 카메라는 시공간을 넘어 공감하고 연대할 수 있게 하는 계기가 된다. 그건 현장에서 당사자성을 가지고 카메라를 들고 폭격을 피해 다니며 현장을 기록한 감독과 그의 친구들이 전해주는 현장성이자 그 누구도 모방할 수 없는 강력한 시점이다.

*

야르무크 난민 캠프에서 북쪽으로 약 350킬로미터를 달리면 알레포라는 도시에 도착한다. 시리아 북부의 중심 도시이자 제2의 도시라고 불리는 이곳에서는 2011년부터 내전이 시작되었다. 알레포대학 재학 당시 대학생이었던 와드 알카팁 감독은 독재정권에 반대하는 시위에 합류하며 스마트폰으로 시위 풍경을 촬영한다. 당사자로서의 기록을 시작한다. 카메라를 들고 전쟁의 참상을 알리는 일을 하다 의사로 일하는 남편을 만나 첫째 딸을 낳는다. 언제 죽을지도 모르는 상황 속에서 감독은 자신과 자신의 남편이 죽을 경우에 대비해 영화를 만들기로 한다. 딸 사마에게 "이런 세상에서 태어나게 한 엄마를 용서해줄래?"라는 메시지를 띄운다. 그렇게 만들어진 영화가 바로 「사마에게」다.

영화는 엄마의 시점으로 펼쳐진다. 전쟁 한가운데 사마에게 보내는 말과 편지들로 이루어진 내레이션은 영화가 누구의 시점에서 출발하는지 명확하게 보여준다. 감독은 피난과 폭격으로 사라지고 없어지는 병원들 속에서 마지막 남은 병원을 지키며 다친 환자를 이송하고 수술하고 치료했던 남편과 동료들을 카메라에 담는다.

2015년 노벨문학상을 수상한 벨라루스의 저널리스트이자 작가인 스베틀라나 알렉시예비치 작가는 제2차 세계대전에 참전했던 여성들의 목소리를 모은 책 『전쟁은 여자의 얼굴을 하지 않았다』를 통해 여성의 시선으로 전쟁을 회고하고 다루는 것이 가능함을 보여주었다. 영화 「사마에게」도 마찬가지다. 영화를 보는 내내 우리는 누구의 시선으로 전쟁을 바라보고 재현해왔는지 묻게 된다. 전쟁에 대한 논의와 담론을 점유해왔던 남성의 시각이 아닌, 평범한 시민이자 당사자, 여성이자 어머니로서의 정체성을 바탕으로 전쟁을 말함으로써 무겁고 거대하고 어렵게만 느껴지는 전쟁에 가까이 다가갈 수 있게 된다. 부모와 자식이라는 보편적인 관계성을 통해 전쟁을 말하는 행위는 곧 가장 개인적이면서 가장 정치적이다. 전쟁의 파편을 통해 전쟁 자체를 바라보고 인식하고 사유할 수 있게 되는 건 1인칭 다큐멘터리 영화가 해낼 수 있는 성취다.

누군가는 당사자성의 한계에 대해 말한다. 그러나 내부자의 시선, 현장의 카메라, 당사자성, 1인칭 시점은 본질을 정확하게 바라볼 수 있는 단초가 되기도 한다. 이야기를 가장 적확하게 해낼 수 있는 출발점이 되며 그 누구도 더하지 못하는 진정성을 더한다. 가장 개인적인 이야기를 통해 세상을 읽어내며 사적 역사와 공적 역사를 엮어내는 작품을 더 많이 보고 싶다. 시점과 당사자성이 가지는 힘을 여전히 믿는다.

# 나와

## 우리가 만드는

# 세계

# 이야기가 세상과 만나는 곳

　　다큐멘터리 영화를 기획하고 제작하는 워크숍 수업에서의 일이다. 기획단계였는데 정말 잘하고 싶었다. 오랫동안 다루어보고 싶었던 소재를 중심으로 기획안을 썼다. 어떤 피드백을 들을까 긴장되어 괜히 다리를 들썩거렸다. 함께 수업을 듣는 수강생들이 무슨 이야기를 하고 싶은지 알겠지만 잘 와닿지는 않는다며 고개를 갸우뚱댔다. 쉽게 수긍할 수 없었다. 흥미롭고 중요한 이야기인데 어째서 이해할 수 없다는 거지. 누군가는 분명 긍정적인 피드백을 했던 것도 같은데 잘 들리지 않았다. 강사도 보완할 부분을 콕 짚어 말했다. 수업을 마치고 집으로 돌아오는 길에 눈물이 쏟아졌다. 잘해내고 싶은 이야기를 제대로 전달하지 못했다는 아쉬움과 속상함에 감정이 북받쳤다.

나는 글을 쓰는 아이였다. 글을 쓰다보면 나를 둘러싼 것들이 조금씩 명확해져서 좋았다. 내가 보았고 느꼈고 생각했던 일을 글로 옮기는 건 언제나 즐거웠다. 학급문집을 만드니 그동안 쓴 글을 제출하라는 선생님의 말에 동시, 그림일기, 산문, 독후감 등 장르를 가리지 않고 냈다. 나는 가장 많은 글을 쓴 학생이었다. 교내 글짓기 대회가 있을 때면 빠지지 않고 참가했다. 두각을 드러냈던 장르는 기행문이었다. 견학을 다녀온 후 넓어진 나의 세계를 기록하는 것은 중요하고 꼭 해야 하는 일이었다.

고등학교 1학년 과정을 마치고 더 큰 세상을 만나기 위해 학교를 자퇴했다. 배낭을 메고 동남아시아를 여행하며 NGO를 둘러보고 자원봉사를 하며 길 위에서 공부했다. 한국으로 돌아온 후 학교 밖에서의 배움을 이어나가고 싶은데 어디로 가야 할지 막막했다. 그러던 중 서울시립청소년미래진로센터 하자센터의 창의적 글쓰기 수업을 알게 되었다.

주어지는 글감에 맞춰 글을 쓰고 일주일에 한번씩 모여 서로의 글에 대해 돌아가며 합평하는 수업이었다. 수강생 중 다수가 학교를 자퇴했거나 대안학교에 다녔다. 학교로 돌아가지 않고 자주적으로 공부하고 싶은데 어디서 누구와 함께할 것인지가 명확하지 않아 불안하던 때였다. '나의 장례식에 놀러오실래요?' '개와 고양이의 시선으로 쓰기' '나의 섹슈얼리티' 등의 듣도 보도 못한 글감을 내어주는 수업에서 학생들은 명확하고 사려 깊게 의견을 나눴다. 그곳에는 나보다 훨씬 더 글을 잘 쓰고 유쾌하게 풀어내며 합평도 맛깔나게 하는 이들이 있었다. 나는 이곳에서 배우기로 했다.

수업 말미에 제시되는 글감에 맞춰 글을 쓰기 위해서는 일주일을 꼬박 다 바쳐도 모자랐다. 같은 주제를 다른 작가들은 어떻게 썼는지 자료조사를 하며 닥치는 대로 읽었다. 나만의 방법으로 글감을 소화하기 위해 고민하고 고심하며 침잠했다. 마감일이 닥치면 쓰고 싶지 않은 마음과 쓰고 싶은 마음 사이를 오가며 썼다. 도저히 이어지지 않는 문장과 문장, 단락과 단락 사이를 이으며 퇴고했다.

떨리는 마음으로 글을 들고 강의실에 들어서면 같은 글감이지만 전혀 다른 방식으로 쓰인 글들이 책상 위에 놓여 있었다. 다른 이가 쓴 글을 잘 읽어내야 자신의 글도 잘 쓸 수 있다는 말을 귀에 못이 박히도록 들었다.

집에서 하자센터까지는 왕복 5시간이 걸렸다. 그래도 좋았다. 일주일 내내 수업시간만 기다리며 공부하고 읽고 썼다. 그러던 어느 날, 지하철 옆자리에 앉은 어른이 몇 학년인지 물었다. 어려운 질문이었다. "학교 안 다니는데요" 하고 말하자

열차 안의 모든 사람이 나를 쳐다봤다. 제가 학교를 왜 안 다니냐면요, 저는 다큐멘터리 영화를 만드는 사람이 되고 싶은데 한국의 입시중심 교육에 한계가 있다고 생각해서 자퇴하고 여행을 갔고요… 구구절절 설명하다보니 지금 내가 무얼 하고 있는 건가 '현타'가 왔다. 사실 그 사람은 별생각 없이 청소년에게 으레 묻는 질문을 한 걸지도 모르는데 나는 나의 위치를 ○○고등학교 ○학년, 자퇴생, 탈학교청소년, 홈스쿨러 같은 단어만으로는 설명할 수 없어 인생사를 늘어놓고 있었다.

학교 밖에서 무엇을 하고 있는 것인지 설명할 수 있는 언어가 필요했다. 글을 썼다. 다큐멘터리 영화를 만들었다. 그 과정을 책으로 엮었다. '로드스쿨러'(Road-schooler)라는 단어가 탄생했다. 학교를 벗어나 다양한 학습공간을 넘나들며 공부하고 교류하고 연대하는 청소년이 스스로를 부르는 말이다. 스승이 있는 공간이면 세상 모든 곳이 배움터라고 여기는 자기주도학습자들이 스스로를 일컫는 말이기도 하다.

글을 쓰고 영화를 만들며 나와 나를 둘러싼 세상을 바라봤다. 어떤 이유로 학교를 자퇴했는지, 학교 밖에서 무얼 하고 싶은지, 지금의 대학은 진정한 배움의 공간인지, 우리를 둘러싼 불안은 대체 어디서부터 오는 것인지 쓰고 기록했다. 쓰기 위해서는 알아야 했다. 고개를 들고 눈을 크게 떴다.

글쓰기와 합평을 이정표 삼아 어디까지 어떻게 쓸 것인지

치열하게 고민했다. 글쓰기를 통해 나와 나를 둘러싼 세상을 의심하고 낯설게 바라보고 뒤집어보는 법을 배웠다.

＊

어딘˙의 창의적 글쓰기 수업은 하자센터 내부 개편으로 어딘 개인이 운영하는 글쓰기 수업이 되었다. 우리는 그곳을 '어딘글방'이라 불렀다. 나를 포함한 10대들은 20대가 되었다. 누군가는 대학에 진학했고, 대학 비진학 청년이 되어 학교 밖에서의 배움을 이어가는 이도 있었다. 돈을 모아 여행을 떠나고 유학을 가는 사람도 있었다. 우리는 글방에서 모였다 헤어지기를 반복하며 글을 쓰는 훈련을 지속했다.

나는 오랫동안 부모와 나에 대해 썼다. 입술 대신 손으로 사랑하고 슬퍼하는 농인부모와의 경험을 지겹도록 썼다. 부모의 캐릭터를 잘 살려 수어를 사용하며 살아가는 가족의 일상을 생생하게 그리는 데 성공할 때면 장애를 결여와 손상이 아니라 또 다른 감각을 상상하는 출발점으로 만들 수 있었다.

매번 성공했던 건 아니다. 비장애 중심 사회의 편협함을

---

˙ 김현아 작가의 별명이다. 대안교육현장에서는 교사와 학생이 호칭이 주는 선입견에서 벗어나 서로 자유롭게 사귀자는 의도로 나이에 상관없이 별명을 부른다.

꼬집으며 차별은 없어져야 한다고 분노에 차 뜨겁게 글을 써가던 날이면 도덕교과서를 읽는 것 같아 재미가 없다거나 대상과의 거리두기에 실패한 글이라는 평을 들었다. 그럴 때면 고개를 들 수 없었다. 붉어진 얼굴로 너희가 장애와 차별을 아냐며 소리 지르고 싶었지만 꾹 참았다. 작가는 글로 말하는 사람이기에 다음번에 기필코 더 잘 쓰리라 다짐했다.

글방의 구성원들은 자기 자신의 정체성, 가족, 사랑, 연애, 섹슈얼리티 등에 대해 썼다. 종종 독자를 홀리는 글들도 가져왔다. 누군가 섹시하고 재밌고 유쾌한 글을 가져올 때면 부러움이 솟았다. 잘 썼다며 호들갑을 떨고 싶었지만 질투가 나 최대한 건조하게 칭찬하고는 보완해야 할 점을 조목조목 짚었다.

그건 피차 마찬가지였다. "보라는 가족 이야기를 써도 부모님이 농인이라 모든 게 새롭고 낯설게 그려진다"며 부럽다는 피드백을 들을 때면 좋아해야 할지, 그럼 너도 장애부모의 자녀로 태어나라고 답해야 할지 헷갈렸다. 글방은 질투, 시기, 부러움, 감탄, 놀라움, 기쁨이 공존하는 곳이었다.

우리는 글방에서 서로의 성장을 지켜보았다. 글방은 글쓰기를 훈련하는 곳이었지만 대학입시를 앞두고 자기소개서를 써야 하는 이에게는 타인의 시선을 빌려 글을 돌아볼 수 있는 공간이 되기도 했다. 각종 프로젝트 기획안을 써야 하는 이들에게도 그랬다. 또한 문학상 공모 제출을 앞둔 글들이 거쳐가는 곳이기도 했으며 편집 중인 영화를 함께 보고 의견을 주고받는 공간이 되기도 했다. 글방의 구성원은 친구, 동료가 되어 글쓰기로부터 출발한 각자의 프로젝트와 행보를 응원하며 지지했다.

*

나는 어딘글방을 졸업하고 보라글방을 운영한다. 진득하게 글을 쓰며 성장했던 그 공간을 직접 열기로 했다. 동료작가가 하던 방식을 빌려 8주간 운영되는 합평 중심의 글쓰기 수업을 한다. 위치를 바꾸어보니 보이는 것이 있다. 한주간 쓸 수 있는 최선의 글을 가지고 와 무슨 말을 들을지 조마조마해하는 표정, 어떤 비평을 해야 상대방을 다음 단계로 나아가게 할 수 있을지 고민하는 얼굴, 다음 주에는 기필코 더 잘 쓰리라 다짐하며 앙다문 입술, 성공한 시도였다는 말을 들었을 때 기쁨에 찬 눈빛 같은 것들. 나 역시 그랬다. 글쓰기 수업과 다큐멘터리 제작 워크숍을 마치고 느꼈던 억울함과 시샘, 찰나의 기쁨은 창작의 과정이었다. 나의 이야기를 세상에 더 잘 전하고 싶은 마음에서 비롯된 감정들이었다.

김밥을 입에 물고 허겁지겁 달려 열차에 올라타 노트북을 펴고 글을 퇴고하고, 불이 꺼진 캄캄한 고속버스에서 하드드라

이브를 연결하여 이동 중에도 영화를 편집하던 때를 떠올린다. 나의 이야기를 독자와 관객에게 전하는 법을 찾아헤맸던 여정의 시작에는 글방이 있었다.

글쓰기 수업과 글방에는 글을 잘 쓰고 싶은 이들이 모인다. 돌아보면 '글'이 아니라 '방(房)'에 방점이 찍혀 있었을지도 모르겠다. '담대하고 총명한 여자들이 협동과 경쟁과 연대의 시간을 쌓는 곳, 어딘글방'이라는 부제를 단 책『활활발발』에서 어딘은 "글을 쓰는 일은 재능보다, 성실함보다, '용기'에서 비롯된다"고 쓴다. 관습과 지식과 정치와 경제와 윤리의 체계를 의심하며 다른 이야기를 할 수 있는 자가 작가이며 글방은 이러한 위반의 대가를 치를 용기를 '함께' 기르는 공간이라고 말이다. 나와 세상이 만나는 길목에서 친구이자 동료로서 다정하고 사려 깊지만 동시에 정확하고 분명하게 바라보고 읽고 쓰기를 연습했던 공간, 용기를 함께 기르는 글방을 만들어가고 싶다.

# 역사가 된 가족사진

"혼자 쓰고 읽는 글이 아니라 누군가에게 읽히는 글이 되려면 어떻게 해야 할까?"

내가 운영하는 글쓰기 수업, 보라글방에서 종종 등장하는 피드백 중 하나다. 꾸준히 글을 쓰는 훈련을 하며 그에 대한 피드백을 받고자 하는 이들이 모인 공간이다. 일주일에 한번씩 제시된 글감에 맞춰 글을 쓴다. '나'로부터 시작하는 글쓰기를 어떻게 어디까지 확장할 것인지에 대해 고민한다. 완성된 글을 제출하는 것만큼 중요한 과정은 상대방의 글을 사려 깊게 읽고 피드백을 하는 일이다. 내가 하고 싶은 말보다 글과 글을 쓴 작가가 성장할 수 있는 방향을 고민하며 합평한다. 동료들의 시선을 경유하여 다른 시각으로 읽어내기를 시도한다. 이를 통해

'나'가 아닌 타인의 시선에서 바라보기를 연습한다. 전하고자 하는 메시지가 온전히 전달될 때도 있고 그렇지 않을 때도 있다. 눈 밝은 독자에 의해 그 의미가 새롭게 발견되기도 한다. 퇴고의 길이 열린다. 동료들은 첫번째 독자가 되어 글과 세상이 만나는 길목에 서서 서로 조언하고 격려한다. 혼자가 아니라 함께 글을 쓰는 가장 큰 이유다.

\*

일본에 거주하는 재일조선인 여성들이 주축이 되어 만들어진 단체 '미리내'가 엮은 책『보통이 아닌 날들』은 가족사진을 중심에 두고 진행한 워크숍의 결과물이다. 말 그대로 가족사진으로부터 출발한 생애사 프로젝트다. 재일조선인이자 여성이라는 정체성을 가진 이들은 빛바랜 가족사진을 꺼내 이와 연결된 기억을 하나둘씩 꺼낸다. 카메라가 귀했던 시절 사진을 어디서 어떻게 찍었는지, 왜 심통이 난 표정을 짓고 있는지, 무슨 옷을 차려입었는지, 얼마나 귀한 옷이었는지, 인화된 사진은 어디로 보내졌는지 이야기한다.

가족사진의 맥락을 파악하기 위해서는 그때 그 시절로 거슬러올라가야 한다. 기억을 떠올려보면 선명한 것도 있지만 가물가물한 것도 있다. 퍼즐을 맞추기 위해서는 그때를 기억하고 있는 이를 만나 이야기를 청해 들어야 한다. 나이 든 부모를 만나 새삼스레 옛날이야기를 꺼내기도 하고 친척과 지인을 통해 기억을 회상하기도 한다.

수집한 이야기가 어떤 맥락 안에 자리하는지 파악하기 위해서는 역사와 시대상을 알아야 한다. 우리는 언제부터 재일조선인으로 불리게 되었는지, 우리 가족은 왜 일본으로 오게 되었는지, 가족들은 일본에서 살아남기 위해 어떤 선택과 노력을 했는지, 나는 재일조선인 2세, 2.5세, 3세로서 어떤 경험을 했는지, 가족사진은 내게 어떤 의미를 지니는지. 사진의 맥락을 파악하다보면 가족의 위치를 가늠하게 된다. 이는 나와 가족이 사회·문화·정치적으로 어떤 지형에 서 있는지 이해하는 일로 확장된다. 재일조선인이자 여성이라는 자신의 정체성을 깨닫고 확립하는 과정이 된다.

가족사진을 찍은 이유는 저마다 다양하다. 한국에 있는 그리운 가족에게 보내기 위해, 특별한 순간을 기념하기 위해, 엄마가 사진 찍는 것을 무척 좋아해서 등등 셔터를 누르기 전 이야기들이 등장한다. 동네 사진관에서 비싼 값을 치르고 사진을 찍던 날 일본에 살면서 꼭꼭 숨겨두었던 치마저고리와 바지저고리를 입었는지, 특별한 날에만 꺼내 입던 양복을 입었는지, 일본 전통의상 기모노를 입었는지 말하다보면 그날의 풍경과 촬영목적이 드러난다. 일상의 풍경을 가감 없이 드러내는 스냅

사진이 아닌, 말끔하고 정갈하며 행복한 순간을 연출하여 찍은 가족사진이 어떻게 조선의 가족에게 보내지는지 서술하는 일은 조국과의 연결고리를 놓지 않음으로써 재일조선인으로서의 정체성을 이어온 이들의 역사적 자료가 된다.

재일조선인 여성들은 나를 둘러싼 가족의 역사를 쓴다. 그에 그치지 않고 워크숍을 통해 타인의 역사와 잇는다. 나의 경험이 당신의 것과 어떻게 같은지, 재일조선인 남성과는 무엇이 다른지, 재일조선인 2세와 2.5세, 3세 사이에는 어떤 차이점이 있는지 들여다본다. 프로젝트를 수행함으로써 역사를 새롭게 쓴다. 이 책을 감수한 재일조선인 3세 조경희 교수는 가족사진 프로젝트를 커뮤니티 각각의 "은밀한 역사를 공유하고, 같음과 다름을 확인함으로써 친밀권을 보다 열린 관계성으로 확장하고자 하는 실험적인 시도"라고 명명한다.

\*

재일조선인 여성들이 시작한 가족사진 프로젝트는 일본 사회에서 마이너리티, 소수자로 살아온 피차별부락, 아이누, 오키나와, 베트남, 필리핀 출신 여성들을 대상으로 확장된다. 전근대 일본의 신분제도에서 가장 최하층에 위치한 불가촉천민이 살아온 마을을 일컫는 피차별부락 출신의 부락민 여성,

일본 홋카이도와 혼슈의 도호쿠 지방, 러시아의 쿠릴열도, 사할린섬, 캄차카반도에 정착해 살던 아이누 민족 여성, 일본 오키나와현과 가고시마현의 아마미 제도에서 살아온 류큐 민족 여성, 난민으로 베트남에서도 일본에서도 외국인 취급을 받는 베트남 출신 여성, 일본인 아버지와 필리핀인 어머니 사이에서 태어나 오키나와에서 자란 여성까지. '○○인'이라고 쉽게 정의할 수 없는 여러 정체성을 지닌 존재들이 가족사진을 중심에 두고 이야기를 써내려간다.

민족·언어·문화적 소수자로서의 경험을 지닌 이들은 프로젝트를 통해 서로가 가진 교차성을 발견한다. 출신지와 민족은 다르지만 일본사회에서 소수자로서 살아왔던 공통의 경험을 통해 연결된다. 사회의 바깥 지점에 서 있는 소수자의 이야기는 그 사회를 정확하게 들여다볼 수 있는 단초가 된다. 피차별 부락에서 어린 시절을 보낸 구마모토 리사의 할머니는 이렇게 말한다.

"나는 아무것도 몰랐어. 부락 밖의 사람들이 오히려 부락이 무엇인지 잘 알고 있었지."

이렇듯 차별과 혐오는 바깥으로부터 온다. 가족사진 프로젝트를 통해 이들은 소수자로서의 경험을 경유하여 일본사회를 직시한다.

이 책의 가장 아름다운 성취는 부록으로 실린 가족사진으로 본 역사연표다. 프로젝트를 수행한 필자들을 둘러싼 역사적 사건이 한눈에 보기 쉽게 연도순으로 정리되어 있다. 그 옆에는 필자들의 개인사가 나열된다. 이화자의 어머니가 나가노현에서 태어나고, 니시다 마쓰미의 아버지가 고베 대홍수로 집을 유실하고, 황보강자가 처음으로 한국을 방문하고, 미리내가 여성을 위한 아시아평화국민기금 반대운동을 하는 등 필자를 비롯한 단체의 사적 역사가 공적 역사와 나란히 기술된다.

가족사진 프로젝트를 수행하고 결과물을 엮고 이를 바탕으로 연표를 만드는 일은 일종의 자문화기술지(Auto-ethnography)다. 연구자 자신이 중립적이고 객관적인 입장에서 벗어나 자신의 경험을 반성과 성찰을 통해 연구하여 기록하는 문화기술지적 방법이 차용되는 질적 연구방법 중 하나다.

*

김옥영 작가는 다큐멘터리 영화에 대한 입문서 『다큐의 기술』에서 "다큐멘터리란 장르 자체가 주관과 객관이 동시에 작동해야 하는 독특한 장"이라고 말한다. 그렇기에 다큐멘터리 영화 감독은 두개의 자아를 가져야 하는데 "대상과 진심을 나누고 신뢰를 쌓는 주관적 자아가 있는 한편, 상황을 냉정하게 분석하고 의심하며 판단하는 객관적인 자아도 있어야 한다"고 쓴다. 이는 논픽션 영화인 다큐멘터리뿐만 아니라 논픽션 장르의 글쓰기에도, 자문화기술지 연구방법에도 해당하는 말이다.

모든 이야기가 글이 되고 책으로 엮여 작품이 되는 것은 아니다. 모든 가족사진과 그를 둘러싼 이야기가 다큐멘터리 영화가 되는 것은 아니듯 말이다. 주관적 자아와 객관적 자아 사이를 오가며 나와 세상 사이의 연결고리를 발견할 때 이야기는 비로소 사회적 담론이 된다. 가장 사적인 가족사진을 역사의 중심에 두는 시도, 그 옆에 누구의 가족사진을 둘 것인지에 대한 고민과 선택, 그 사이와 빈틈을 어떻게 이을 것인지에 대한 치열한 학습과 연구, 이 모든 것을 수행하는 동시에 가장 객관적이면서도 주관적으로 바라보려는 실험이 바로 논픽션 장르의 글쓰기이며 다큐멘터리 영화 제작일 테다.

『보통이 아닌 날들』은 한장의 가족사진에서 출발하여 도저히 이어질 것 같지 않은 일본사회의 소수자집단을 경유한다. 차별과 혐오의 역사를 되짚으며 일본사회를 반추함으로써 소수자집단의 여성이라는 세계를 구축하고 개별단위를 연결해낸다. 다큐멘터리 작가이자 제작자인 김옥영은 "다큐멘터리는 확정된 사실을 확인하는 것이 아니라, 나날이 변화하는 현실을 마주하며, 그 변화 속에서 감독의 시선도 성장해가는 장르"라고 쓴다. 아무런 규칙도 정답도 없는 과정을 오롯이 횡단해나가며 주관적이면서 동시에 객관적인 세상을 구축하는 것이 논픽션 작품을 만드는 묘미이자 난제일 것이다. 이에 대해 그는 "변화를 두려워하지 않는 자만이 진실로 성장할 수 있다"고 말한다. 보라글방 동료들과 나 자신에게 해주고 싶은 말이다.

# 기쁘게 저항하는 기술

2016년 10월, 한 일간지에 '#나는_낙태했다'라는 제목으로 글을 실었다. 보건복지부가 '불법 인공임신중절'에 대한 처벌을 강화하는 의료법 개정을 예고하자 이에 반발한 이들이 서울 보신각 앞에 모여 '낙태죄' 폐지를 외치는 집회를 열었다. 몇몇 여성이 마이크를 잡고 자신의 임신중지 경험을 공유했다. 집회에 가지 못한 부채감이 남았고, 그곳에서의 이야기가 궁금했다. 글을 쓰기로 했다. 아무에게도 하지 못한 이야기였다. "나는 낙태를 했다. 나의 어머니 또한 낙태를 했다. 나의 할머니 또한 낙태를 했다"라는 문장으로 시작하는 칼럼이었다.

어려웠다. 기한에 맞춰 송고할 수 없어 신문사에 양해를 구했다. 오래 외면해왔던 감정을 마주했다. 이 비참함이 왜 나만의 것이어야 하는지, 임신 경험자 중 임신중지를 경험한 여성의 비율이 적지 않은데[*] 이것은 왜 사회적으로 말해지지 못하는지, 지금 나의 입을 틀어막고 나의 자궁에 대해 논하고 나를 비참하게 만드는 것은 누구인지 글을 통해 물었다. 칼럼이 게시되고 신문이 발행되었다. 아무것도 손에 잡히지 않았다. 누구에게도 하지 못한 이야기를 지면에 싣는 일은 생각보다 더 큰 용기를 필요로 했다. 어떤 약속도 잡지 않고 캄캄한 방에 앉아 있었다.

문자메시지가 왔다. 그해 초, 쿠바에 함께 다녀온 김현미 연세대학교 문화인류학과 교수였다. 자신의 경험을 바탕으로 한 글이 정말 큰 힘을 지닌다고, 중요한 글을 써주어 고맙다고, 보라의 삶을 통해 많이 배운다는 내용이었다. 남성인 대학동기는 괜찮으면 밥이나 먹자며 집 앞으로 달려왔다. 칼럼을 읽고 온 듯했지만 어떤 내색도 하지 않았다. 그냥 같이 밥을 먹고 싶었다고 했다.

임신중지를 하고 난 후 얼마 되지 않았을 때였다. 정리되지 않은 감정을 어떻게든 풀어내고 싶어 시를 썼다. 서로의 글

[*] 2017년 한국여성정책연구원의 조사에 따르면 임신경험자 중 임신중지 경험자 비율은 40%이며, 여기서 임신중지 고려자를 더하면 56.3%다. 2021년 한국보건사회연구원의 조사에 따르면 성경험 여성의 8.6%, 임신경험 여성의 17.2%가 임신중지를 경험했다.

을 읽고 합평하는 수업에서 발표했다. 알 듯 모를 듯 애매하게 감춘 형태의 시였다. 모두가 무슨 글인지 잘 모르겠다고 했다. 수업이 끝나자 멘토가 저녁을 먹자고 권했다. 그는 글에 대해 묻지 않았다. 우리는 아무 일도 없었다는 듯 함께 밥을 먹었다.

＊

최근 몇년간 한국사회에서 페미니즘은 뜨거운 의제였다. 페미니즘 관련 도서가 연이어 출간되었고, 페미니스트라고 스스로를 명명하는 1020 여성들이 늘어났다. 페미니즘에 대한 백래시 현상도 거세졌다. 페미니즘을 공부하고 스스로를 페미니스트라 부르는 이들이 SNS 등 온라인 공간을 통해 연대했다.

여성혐오를 비롯한 각종 사안에 대해 공분하고, 페미니즘 관련 프로젝트에 크라우드펀딩 등을 통해 참여했다. 여성혐오 관련 사건을 조사하거나 처벌해달라는 내용의 국민청원 링크가 올라오면 동의 버튼을 누르고 소식을 공유했다. SNS에 해시태그를 달아 글을 게시함으로써 사안이 묻히지 않도록 분노하고 목소리를 내는 것도 잊지 않았다. 집회소식이 있다면 재빨리 달려나갔다.

그러나 세상은 생각만큼 빠르게 바뀌지 않았다. 이상했다. 나의 SNS 타임라인은 이토록 뜨거운데 왜 세상은 그렇지 않을까. 사안에 대해 분노하고 절망하는 이들이 주위에 가득한데 어째서 사회는 그대로인 걸까. 지쳐갔다. 외치고 싸우는 여성들이 세상을 바꿔낼 거라고 믿었지만 일상을 파고드는 혐오에 쉽게 마음을 다쳤다. 무엇을 하고 있는지 의문이 생겼고 고립감이 들었다. 우리는 정말 대항역사를 만들어가고 있는 것인지, 페미니즘 운동에 나는 어디쯤 서 있는 것인지 궁금했다. 역사와 계보라는 것이 과연 존재하는지 회의감이 들었다.

여성자립을 돕는 커뮤니티 '줌마네'에서 강의한 내용을 토대로 한 김현미의 저서 『페미니스트 라이프스타일』은 제목 그대로 라이프스타일로서의 페미니즘을 제안한다. 페미니즘은 양비론이나 이분법이 아니라 라이프스타일이라고, 단순한 소비가 아니라 평생 가져가야 할 삶의 태도이자 세상을 보는 관점이어야 한다고 말한다.

라이프스타일이 내 에너지를 누구와 무엇을 모색하며 어떤 희망과 목적을 갖기 위해서 에너지를 만들어낼 것인가에 대한 윤리적 입장이라면, 소비나 문화를 통해 자신의 감각, 쾌락, 원하는 삶의 형태를 확인하고, 자신이 택한 패션, 음악, 음식 등의 취향과 라이프스타일이 곧 여성의 지위와 권력을 향상하는 방법이라고 믿고 실험하는 페미니즘이 바로 라이프스타일 페미니즘이다.

그러나 지금 우리에게 필요한 건 살아냄과 살아내기에 더

방점을 두는, 소비에 주목하는 것이 아니라 삶의 태도, 가치, 지향점을 일관되게 지켜나가는 페미니스트 라이프스타일이라고 이 책은 말한다. "손가락 하나 까딱해 신용카드로 크라우드펀딩에 참여하면 내가 사회운동과 공동체에 참여한다는 일종의 정치적 판타지를 가질 수 있는 상황에서 과연 라이프스타일로서의 사회운동이 가능할까를 질문해"야 한다고, 중요한 건 "마주 보고 만나서 시간을 함께 보내고 의견을 교환하는 '살아 있는 여성동지'를 얻기 위해 노력하는 것"이며 그것이 바로 자율적 공동체를 만들어가는 길이라고 강조한다. 작은 것이라도 함께해보는 사람들 속에서 있어보는 것이 '기쁘게 저항하는 기술들'을 연마하는 길이라고 말이다.

＊

내가 쿠바에 다녀온 건 멘토의 제안에서부터였다. 글을 쓰는 작가이자 여행학교 '로드스꼴라'를 운영하는 멘토가 어른들을 위한 여행사업을 기획하며 첫번째 여행지로 쿠바를 골랐다. 쿠바라니! 부러워하고 있을 즈음 멘토는 내게 코디네이터로 일해보지 않겠냐고 물었다. 얼씨구나. 쾌재를 부르며 수락했다. 그렇게 한국사회와는 완전히 다른 사회주의 국가 쿠바를 만났다. 전 국민이 무상으로 진료받는 쿠바의 의료 시스템을 들여다보고, 쿠바의 도시농업과 유기농법을 살펴보고, 1900년대 초반 멕시코를 거쳐 쿠바로 향한 조선인 노동자들의 후손을 만나 디아스포라의 역사를 조망했다. 쿠바도 쿠바였지만 무엇보다 기억에 남는 건 다양한 나이대의 페미니스트 여성들과 여행한 경험이었다.

한국에서 네덜란드와 프랑스를 거쳐 쿠바로 향하는 장시간의 비행과 무더운 날씨에도 지치지 않고 매일 아침 잘 잤느냐며 힘차게 인사하는 김현미 교수를 필두로 하여 매년 시인 고정희의 삶과 문학세계를 돌아보는 문화제를 주최하는 전남 해남의 고정희기념사업회원들, 학교에서 학생들을 가르치며 사진을 찍는 교사, 가족들과 함께 참여한 전교조 소속 교사, 또 하나의문화 출판사와 생태적 삶을 지향하는 여성여행자 게스트하우스를 운영하는 유이, 어딜 가나 펜화와 수채화로 여행을 꼼꼼히 기록하고 지구과학 전공을 살려 쿠바의 지형에 대해 반짝이는 눈으로 설명하는 남지를 비롯한 이들이 여행의 참가자였다. 혁명의 땅에서 혁명적으로 연애한 이야기를 다큐멘터리 영화 「쿠바의 연인」(2009)으로 만들고 지금은 쿠바에 적을 두고 한국과 쿠바를 잇는 매개자로 사는 정호현 감독이 현지 코디네이터를 맡았다.

우리는 쿠바 혁명을 돌아보고, 교육과 의료 시스템을 들여다보고, 시차적응에 실패한 채 꾸벅꾸벅 졸며 발레 공연을 감상하고, 쿠바에 왔으니 쿠바 사람처럼 움직여봐야 한다며 살사 수업을 들었다. 실전 연습은 필수라며 살사바에 갔지만 무대를 휘어잡는 현지인의 몸짓을 보고 몇번 허우적거리다 어색하게 나와야 했던 기억, 어딜 가나 재즈가 넘치던 거리, 포장이 잘되어 있지 않은 길을 걸으며 나눴던 대화, 파란 바다를 바라보던 시간. 돌아보면 그것이 쿠바 여행의 전부였다. 글쓰기 교사로 오래 만나왔던 멘토와 함께 일해보는 경험, 한번도 가보지 않은 여행지에서 코디네이터로 일하며 쩔쩔맬 때 괜찮다고 어깨를 다독여주던 참가자들, 쿠바의 골목을 걸으며 주고받은 질문과 대답. 그것은 내게 참조집단을 만나고 형성하는 기회였으며 동시에 다양한 세대, 서로 다른 지역과 현장에서 활동하는 페미니스트와 교류하며 기쁘게 저항하는 기술들을 배운 시간이었다.

김현미는 "서로의 삶의 역사 속에 기입할 수 있는 페미니스트 동료를 만들어가라"고 말한다. 기억한다. 임신중지 경험을 글로 썼을 때 멘토가 말없이 사준 밥을, 누구보다 먼저 달려온 동기를, 지인들이 보내온 문자메시지를, 쿠바의 기억으로 연결된 전국 각지의 언니들을. 그들이 나의 끈끈하고 느슨한 참조집단이자 동시에 페미니스트 라이프스타일을 함께 만들어가는 동료였다.

\*

최근 페미니즘 운동에서 느꼈던 고립과 단절의 이유를 어렴풋이 알게 되었다. 소비자본주의하에서 페미니즘을 소비하고 국민청원 동의 버튼을 누르고 해시태그 운동에 참여한다고 세상이 바뀌지 않는다는 걸, 온라인뿐 아니라 오프라인에서도 기쁘고 슬프고 어려운 일을 함께할 페미니스트 동료를 만나고 일상을 재조직하고 집단적 흐름을 만들어야 한다는 걸 다시금 깨달았다. 그런 마음으로 보라글방을 운영한다. 내 글을 잘 쓰는 것도 중요하지만 상대방의 글을 정확하게 읽고 사려 깊은 의견을 주고받는 것을 중심으로 하는 커뮤니티다. 글쓰기를 도구로 삶을 풍요롭게 살아갈 수 있는 법을 고민하며 나의 동료와 동지를 만들어가려 한다. 페미니즘을 기반으로 기쁘게 저항하는 기술들을 찾아가겠다. 당신과 내가 만들어갈 페미니스트 라이프스타일을 상상하며.

# 가족이라는 실험

네덜란드필름아카데미 석사과정 학장과 이야기를 나눴다. 졸업한 지 2년 만이었다. 어디서 어떻게 지내는지 안부를 묻는데 그가 말했다.

"얼마 전에 결혼했어."

그는 1959년생이다. 깜짝 놀라 학장이 이미 결혼하지 않았던가 혹시 다른 사람과 결혼한 것인가 머리를 굴렸다. 졸업식 같은 학교의 큰 행사에 학장은 종종 남편으로 추정되는 이를 데려왔다. 오래 같이 살았고 둘 사이에 내 나이 또래 아들도 있으니 당연히 남편이라고 생각했다. 그는 학생들의 연구와 작업에 관심이 많았고 학문적으로도 박식했다. 나의 머리 모양을 보고 이런 기하학적인 스타일은 일본문화에서 온 것인지 궁금

하다며 다소 편견에 찬 말을 한 것을 빼고는 괜찮은 사람이었다. 그렇다면 그는 어떻게 된 것인가. 눈을 동그랗게 뜨며 상상의 나래를 펼치던 내게 학장은 말했다.

"네가 아는 그 사람이랑 했어. 몇십년을 같이 살았는데 이 나이에 결혼이라니. 너도 알다시피 우리 세대, 68혁명을 겪은 페미니스트는 대부분 결혼제도에 반대하잖아."

기존의 가치와 질서에 저항했던 프랑스의 68혁명은 네덜란드에서 나고 자란 학장과 영국 출신인 파트너에게도 큰 영향을 미쳤다. 둘은 결혼이 아닌 파트너십을 택했다. 네덜란드는 1998년부터 파트너 등록제를 실시했다. 네덜란드의 파트너십은 파트너로서의 권리와 법적 이익이 결혼과 유사하다. 파트너십은 시민결합, 생활동반자관계, 시민동반자관계, 시민연대계약 등 국가마다 조금씩 다른 명칭으로 불린다. 왜 갑자기 결혼했냐는 질문에 학장은 세금문제 때문에 그런 결정을 했다며 멋쩍게 웃었다.

네덜란드에서 함께 공부했던 동기도 최근에 결혼했다. 그는 레즈비언이다. 오래 관계를 지속해온 파트너와 결혼하기로 결정했을 때 가족들은 이렇게 물었다.

"우리 가문 사람들은 예술가라 보통 결혼제도를 선택하지 않는데 너는 왜 유별나게 결혼을 하려고 하니? 어차피 지금도 같이 살잖니?"

동기는 기존 질서에 저항하고자 하는 사람도 있고 결혼보다 유연한 파트너십을 택하는 이도 있지만 보다 상징적인 의미로 결혼을 하고 싶다고 했다. 그들이 결혼이라는 제도를 선택하는 데에 둘의 생물학적 성별이 같다는 사실은 문제가 되지 않았다. 네덜란드는 2001년 세계 최초로 동성결혼을 합법화한 국가다.

그와 반대로 네덜란드필름아카데미에서 만난 멘토는 여전히 파트너십을 유지한다. 서로를 아내와 남편이 아닌, 파트너라 부르며 관계를 지속한다. 그곳에는 각기 다른 모습과 형태의 가족이 존재한다.

\*

네덜란드 유학을 준비하던 중에 일본 도쿄에서 회사원으로 일하던 지금의 파트너를 만났다. 사랑에 빠졌고 네덜란드에서 다른 형태의 삶의 방식을 함께 찾아보기로 했다. 석사과정에 입학하여 첫번째 학기를 마칠 때쯤 그가 사표를 내고 날아왔다. 같이 사는 건 즐거웠으나 매일같이 비가 오고 해는 언제 뜰지 모르는 생소한 기후와 정반대의 문화, 다른 언어권에서 외국인으로 살아가는 일은 고됐다. 형편이 넉넉하지 않은 유학생활이라 더욱 그랬다. 유학은커녕 교환학생, 어학연수도 해본

적 없는 내가 영어로 석사과정을 이수하며 예술가로서 창작을 이어가는 건 말처럼 쉽지 않았다. 24시간이 모자랐다. 파트너는 열심히 내조했다. 나의 유학생활을 돕기 위해 이주한 건 아니었지만 어쩌다보니 그렇게 됐다. 그는 프리랜서로 일하며 외국에서의 생활과 둘의 관계를 유지하는 데 큰 기여를 했다.

당시 우리의 관계는 미등록 파트너였다. 네덜란드의 파트너십 제도는 외국인에게도 적용된다. 학생 비자를 받아 체류 중인 내가 파트너가 있음을 증명하면 성별·국적에 상관없이 파트너 비자를 발급한다. 파트너십 제도가 없는 한국과 일본에서 온 우리가 공식적인 서류로 관계를 증명할 수 없어도 말이다. 그걸 안 순간부터 우리는 서로를 여자친구, 남자친구가 아닌 파트너로 부르기로 했다.

끈끈한 연대로 석사과정을 졸업하고 어디서 어떻게 살지 고민하다 일본으로 가기로 했다. 타지에서 외국인으로 사는 것에 지친 데다 '가모장'의 역할에서 벗어나고 싶었다. 물론 생활비를 각자 부담했기에 여자는 돈을 벌고 남자는 가정을 돌보는 형태의 가모장은 아니었지만 상대적으로 학교라는 커뮤니티가 있는 나와 속한 커뮤니티가 없는 파트너는 위치가 달랐다. 네덜란드에서는 내가 하고 싶은 걸 했으니 다음은 그가 활발하게 활동할 수 있는 곳으로 가기로 했다. 글을 쓰고 영화를 만드는 나는 이동이 자유로우니 양국을 오가며 일하면 될 터였다.

그런데 코로나19 확산으로 국경이 닫혔다.

2020년 3월 한국을 거쳐 일본으로 이주하던 시기에 팬데 믹이 시작되었다. 한국과 일본을 오가는 항공편이 전면 결항 되고 상호 사증면제 제도가 중지되었다. 계획대로라면 일본으 로 간 파트너를 뒤따라가야 했지만 그럴 수 없었다. 기약 없는 생이별이 이어졌다. 코로나19가 언제 종식될지, 국경은 언제쯤 열릴지 알 수 없었다. 양국 간의 정치·외교적 관계는 최악이었 다. 이러다간 몇년간 보지 못할 수도 있다는 불안이 엄습했다. 만날 수 있는 방법은 딱 하나였다. 혼인신고를 하여 배우자 자 격으로 비자를 발급받는 것. 이렇게 결혼제도를 선택하고 싶지 는 않았지만 방법이 없었다.

어렵게 결정을 내렸지만 또 다른 문제에 봉착했다. 결혼식 은커녕 만날 수도 없으니 각자 혼인신고를 해야 했다. 아니 결 혼을, 각자? 우리는 EMS로 서류를 주고받아 각국 행정처에서 각각 결혼했다. 서류상의 절차라지만 그래도 기념하고 싶어 영 상통화를 걸었다. 일본은 접수절차에 여유가 있어 각자 소회를 나눌 수 있었지만 한국은 민원이 밀려 있었다. 카메라를 켜고 "이제 우리 한국에서도 결혼했어!"라고 말하며 다소 로맨틱한 말을 하려던 차에 담당자가 옆으로 좀 비켜달라고 소리쳤다. 코로나 시대 비대면 결혼계약의 풍경이었다.

*

　다큐멘터리 영화 「박강아름 결혼하다」에서 남편을 데리고 프랑스로 유학을 떠난 박강아름은 이렇게 말한다.

　"오늘은 자기가 나 서포트해줘야 해."

　영화의 주인공이자 감독인 박강아름은 비혼주의자였던 남편 정성만에게 프러포즈를 한다. 프랑스로 미술을 공부하러 갈 건데 결혼하고 함께 가자며 설득한다.

　가족도, 친지도, 친구도 없는 프랑스에서 아름은 유학과 경제활동, 행정업무를 맡는다. 글을 쓰고 식당에서 요리를 했던 성만은 전직을 살려 가사를 담당한다. 아름은 한국보다 프랑스가 양육조건이 좋다며 평소 꿈꿨던 '엄마 되기'를 실천한다. 얼떨결에 성만은 공부를 하며 영화를 만들고 엄마도 되기로 한 아름을 전적으로 내조한다. 심지어 영화도 함께 만든다. 본 영화 제작진 크레디트에는 성만의 이름이 여러차례 등장한다. 그러나 성만의 이름은 영화제목 여덟자에는 들어가지 않는다.

　아름은 공부를 한다는 이유로, 프랑스어를 비교적 잘하니 서류작업과 같은 행정업무를 한다는 사유로, 생활비를 번다는 말로 가사와 양육의 책임에서 벗어난다. 물론 성만은 생물학적으로 아이를 낳을 수 없으니 출산은 아름이 한다. 하지만 성만에게 온갖 짜증을 내며 출산의 어려움과 고통을 호소한다. 이

142

영화의 화자는 박강아름이다. 박강아름이 찍고 박강아름이 내레이션하고, 심지어 박강아름이 누군지 궁금해하며 박강아름의 이름을 계속해서 부르는 배경음악도 깔린다. 그야말로 박강아름 잔치다.

그러나 관객이 아름의 시선을 통해 감정이입하게 되는 건 성만이다. 주부우울증에 걸려 창밖을 멍하니 쳐다보는 성만, 웃고 있지만 어쩐지 행복해 보이지 않는 성만, 김치를 담그며 한국방송을 시청하는 성만, 어느 나라가 살기 좋으냐는 질문에 그래도 한국이 좋다고 프랑스어로 더듬더듬 대답하는 성만, 생활비 아껴야 하는데 비싼 체리토마토를 사왔다고 잔소리 듣는 성만, 이제부터 나도 생활비 흥청망청 쓰겠다고 큰소리치며 가출했지만 기껏 사 먹은 건 3유로짜리 커피 한잔이었다고 씁쓸하게 회고하는 성만. 가부장사회에서 남성을 내조하는 여성의 모습은 너무나 일반적이라 쉽게 드러나지 않는다. 하지만 전통적 성역할이 전복된 이 영화에서는 가사노동과 독박육아를 하는 남편 성만이 주인공이 된다.

박강아름은 고민한다. '나는 왜 성만에게 결혼하자고 했을까? 이렇게 힘든 유학생활에 왜 성만까지 데려왔을까? 왜 출산과 양육을 지금 하기로 결정했을까?' 감독의 질문은 현재의 결혼제도와 가족에 대한 질문으로 확장된다.

프리드리히 엥겔스는 1884년 저작 『가족, 사유재산, 국가의 기원』에서 원시공산주의 사회에서 사유재산이라는 제도가 생기며 이를 유지하기 위해 일부일처제가 생겼다고 말한다. 공동체 내에서 규율 없이 결혼하다가 형제자매 간의 성관계가 배제된 가족이 발달했고, 그에 따라 모계제 사회가 정립되고 여성이 경제를 장악했다. 농경과 목축이 분리되며 생산력이 증대되고 그에 따른 잉여물의 교환, 사유재산이 생기며 지금과 같은 가부장제가 출현했다. 남성의 경제적 역할이 커지면서 생산수단과 가축, 노예가 남성의 손으로 넘어가게 된 것이다. 이 과정에서 여성이 남성에 의해 멸시당하고 남성 욕망의 노예이자 번식의 수단으로 전락하는, 여성의 세계사적 패배라고 할 수 있는 일부일처제가 생겨났다는 것이다. 즉 남성이 가족에 대해 절대적인 권력을 지니는 가부장제와 일부일처제가 당연하지 않다는 거다. 약 5000종의 포유류 중 일부일처제를 채택한 동물은 3~5%에 불과하다. 인류 또한 사유재산을 유지하기 위해 가부장제와 일부일처제를 택했을 뿐이다.

가족의 형태는 다양할 수 있다. 아니, 다양하다. 여전히 모계사회를 유지하는 민족도 있고, 일부일처제에 얽매이지 않고 함께 살며 서로를 가족으로 부르는 이들도 있다. 사랑의 형태 또한 그렇다. 비독점 다자연애인 폴리아모리, 무성애 정체성인 에이섹슈얼, 탈연애 등 인류는 일부일처제라는 결혼계약제도를 넘나들며 사랑하고 연대하고 유대한다.

전복된 성역할 속에서 '정상적'인 가족의 모습을 구현하기 위해 동분서주하는 박강아름은 영화를 통해 질문한다. 결혼이란 무엇이며 어떤 형태로 가족을 만들어나갈 것인가. 그건 계속되는 질문일 테다. 올해 결혼한 1959년생 학장은 함께 사는 사람을 남편이 아닌 파트너로 부른다. 나와 파트너는 이주라는 방식으로 환경을 바꾸며 이전과는 다른 성역할을 시도한다. 레즈비언 동기는 그동안 성소수자에게 허용되지 않았던 결혼계약제도를 기꺼이 선택했다. 영화 바깥의 아름과 성만은 뒤바뀐 성역할을 지속하거나 변형하며 질문을 이어갈 것이다. 결혼과 가족이란 무엇인가. 우리는 어떻게 함께 살 것인가. 유구한 역사를 지닌 질문과 그에 따른 실험은 계속되어야 한다.

# 영 케어러와 코다

영 케어러는 만성적인 질병이나 장애, 정신적인 문제나 알코올·약물 의존을 가진 가족 등을 돌보고 있는 청년을 일컫는 말이다. 가족돌봄청년 혹은 돌봄청년이라고도 부른다. 영 케어러에 대해 관심을 갖게 된 것은 일본에서 진행된 '케어러를 생각한다'라는 온라인 포럼을 보고 나서였다. 코다와 농인을 주인공으로 하는 소설을 써왔던 마루야마 마사키 작가와 코다, 소다*, 코다 자녀를 키우는 농인, 영 케어러가 참가자로 등장했다. 각자가 수행했던 돌봄의 경험을 돌봄제공자와 돌봄수혜자의 입장에서 논했다. 처음에는 서로 다른 주체가 당사자로서의

---

* SODA. Sibling of Deaf Adults의 줄임말로 농인의 형제자매를 뜻한다.

경험을 나눈다고만 생각했다. 논의는 보편적 돌봄으로 이어졌다. 돌봄 사각지대에 처해 있는 이들이 자신의 이야기를 경유하여 돌봄의 권리에 대해 말했다. 난생처음으로 코다와 돌봄이라는 단어를 이어보았다.

*

　　돌봄제공자이자 영 케어러로서의 코다를 발견하게 된 것은 영 케어러 당사자이자 작가·영화감독으로 활동하는 조기현 작가의 글을 읽고 나서다. 그는 스무살 때 아버지가 쓰러지면서 겪은 돌봄의 경험을 책 『아빠의 아빠가 됐다』에 담았고 치매가 시작된 아버지의 노동과 생애를 영화로 기록했다.

　　아버지의 병으로 급작스럽게 돌봄을 받는 사람과 돌봄을 하는 사람의 역할이 변경되면서 겪어야 했던 일들, 각종 수속 및 지원을 받기 위해 서류를 발급받아야 하는데 부모와 자신의 관계를 증명하기 어려웠던 순간, 준비도 되지 않았는데 대리자이자 부양의무자, 가장이 되어야 하는 영 케어러의 모습이 어렸을 때부터 음성언어 중심 사회에서 농인부모를 보호하고 대신해야 했던 코다의 경험과 겹쳤다. 친구들이 입시와 취업을 준비하며 미래를 향해 나아갈 때 가족을 돌보며 이러다 뒤처지는 건 아닌지 불안해하고, 나의 돌봄은 이력서에 쓸 수 없는데

이 공백을 어떻게 설명해야 하는 것인지 알 수 없었던 건 일상 속에서 통역과 통역을 넘어서는 돌봄을 하는 코다의 이야기이기도 했다.

무엇보다 영 케어러와 코다 모두 자신의 돌봄을 '돌봄 노동'으로 인정받지 못했다. 나는 단지 사회구성원으로서 돌봄을 수행하고 있는 것뿐인데 돌봄을 제공받는 부모는 수동적 존재가 되고 돌봄을 제공하는 영 케어러와 코다는 능동적 존재가 되는 경험을 한다. 쉽게 말해 부모는 불쌍하고 안타까운 존재가 되고 자녀는 효자가 되어 효행상을 받는다는 말이다. 이는 돌봄수혜자와 돌봄제공자 사이에 위계를 설정하고, 돌봄을 권리로서 말하지 못하게 한다.

작가는 『아빠의 아빠가 됐다』에서 "나는 효자가 아니라 시민"이라고 선언한다. 아버지와 나는 부모와 자식이 아니라 시민과 시민으로 관계 맺을 것이며 자신의 돌봄이 비가시적인 소모가 아니라 사회적인 의미를 갖는 행위가 되어야 한다고 말한다. 코다로서의 경험과도 이어진다. 나는 그저 통역을 했을 뿐인데 착한 아이가 되고 그로 인해 받은 표창장은 나와 농인부모의 관계를 납작하게 만들었다. 돌봄을 제공하기도 하고 받기도 하는 부모는 사라지고 말 못하는 불쌍한 장애인으로서의 모습만 남았다. 누구나 돌봄수혜자이자 돌봄제공자가 될 수 있으며 그건 모두의 권리여야 한다는 논의는 없었다.

코다의 시선으로 영 케어러를 읽으면 읽을수록 코다와 영 케어러의 경험은 정확하게 만났다. 일본 후생노동성은 2021년에 공표된 실태조사를 통해 중학생 17명 중 1명, 고등학생 24명 중 1명이 영 케어러에 해당한다고 발표했다. 후생노동성에서 정의한 영 케어러의 범위와 역할은 다음과 같다.

① 돌봄대상자를 보살피는 성인 가족원을 대신해서 가사 노동을 함
② 아픈 가족을 대신해서 어린 형제자매를 돌봄
③ 장애나 병이 있는 형제를 보살핌
④ 눈을 뗄 수 없을 정도의 상태인 가족(주로 치매 등)을 신경 쓰기
⑤ 모국어가 제1언어가 아닌 가족이나 장애가 있는 가족을 위해 통역을 함
⑥ 가정의 경제 유지를 위한 노동
⑦ 알코올, 약물, 도박 등의 문제가 있는 가족을 보살핌
⑧ 암, 질환, 정신질환 등 만성질환을 앓는 가족을 간호함
⑨ 장애나 병이 있는 가족을 수발함
⑩ 장애나 병이 있는 가족의 입욕, 배변 등을 보조함

이 중 ⑤의 경우가 정확하게 코다에 해당한다. 상황에 따

라 ②와 ⑨의 역할을 수행하기도 한다. 코다는 음성언어를 사용하지 못하는 부모를 대신하여 형제자매의 보호자이자 통역사가 된다. 농인부모가 다른 질병 및 장애를 갖고 있거나 다른 가족 구성원이 만성질환 및 장애가 있는 경우 그에 따른 여러 역할을 수행한다.

국가별로 특정 연령대를 중심으로 영 케어러를 정의하고 있기 때문에 단순 비교가 어렵지만 청소년 인구의 약 5~8%가 영 케어러라고 한다. 한국에는 청소년 인구 368만 4541명 중 18만 4000~29만 5000명의 영 케어러가 존재한다고 추정한다.[●] 2022년 2월 보건복지부는 영 케어러에 대한 지원대책 수립방안을 발표하여 그에 따른 실태조사를 진행했다. 그러나 코다와 같은 통역 돌봄을 수행하는 영 케어러는 포함되지 않았다.

모국어가 제1언어가 아닌 가족이나 장애가 있는 가족을 위해 통역을 하는 영 케어러에는 다문화가정과 같은 이주민의 자녀도 포함된다. 앞선 글 「미등록 이주아동과 코다」에서 언급했던 미등록 이주아동도 이에 해당한다. 미등록 이주아동 중에는 부모가 몽골 국적 이주민이면서 동시에 농인인 경우가 있다. 미등록 이주아동이면서 동시에 코다로서의 중첩된 경험을 하게 된다. 언론에 소개된 영 케어러 중에도 급성질환으로 쓰

---

● 허민숙 「해외 영 케어러(young carer) 지원 제도와 시사점-가족돌봄청소년 지원 및 고립 예방을 위한 과제」, 『NARS 현안분석』 제242호, 국회입법조사처 2022.

러진 농인부모를 돌보는 코다의 사례가 등장한다.

영 케어러의 경험은 단일하지 않다. 돌봄의 범위가 넓고 다양한 것처럼 영 케어러의 범위와 역할 또한 마찬가지다. 다문화가정 자녀와 코다는 집에서 사용하는 언어와 집 바깥에서 사용하는 모국어가 다르기에 통역을 비롯한 일상의 전반적인 돌봄을 수행한다. 통역 돌봄 또한 영 케어러의 경험이다.

＊

영 케어러로서 코다를 인식하고 바라보기 위해 2022년 7월, 내가 대표로 활동하고 있는 코다코리아에서는 조기현 작가를 초대하여 '영 케어러와 코다'라는 제목으로 온라인 강연을 진행했다. 코다코리아는 코다의 고유한 유산과 다문화적 정체성을 축복하고 기념하며, 코다를 연결함으로써 코다의 가능성 확장을 미션으로 삼고 있는 비영리단체다. 강연 후에는 영 케어러의 시선으로 코다를, 코다의 시선으로 영 케어러를 보는 대담도 이어졌다.

조기현은 코다의 돌봄은 영 케어러가 수행하는 돌봄 범위에 포함되는데도 불구하고 그동안 한국사회에서는 제대로 논의되지 못했다며 추후 영 케어러 지원대책 및 실태조사에 통역 돌봄을 수행하는 이들을 고려해야 한다고 지적했다. 또한 한국

정부와 언론은 코다를 인식하고 있으면서도 어째서 코다의 돌봄에는 주목하지 못했는지에 대해서도 짚었다.

돌봄 의제를 연구해온 사회학자 시부야 도모코는 영국과 일본에서 실시한 영 케어러 실태조사와 그 결과를 토대로 지원책을 마련하는 과정을 『영 케어러』에서 소개한다. 그는 일찍이 영 케어러이자 이중언어사용자, 이중문화를 경험하는 코다를 『코다의 세계(コーダの世界)』에서 다루기도 했다. 일본 정부와 사회에서는 코다를 돌봄제공자이자 동시에 돌봄이 필요한 수혜자로 설정하고 있다. 이는 영 케어러로서 코다의 경험을 어떻게 해석하고 지원할 것인지에 대한 사회적 논의와 정부차원의 대책이 필요함을 의미한다. 시부야 도모코는 다음 세가지를 영 케어러의 지원방향성으로 꼽는다.

첫째, 영 케어러가 돌봄에 대해 안심하고 말할 수 있는 상대와 공간 만들기. 영 케어러들의 자조 모임과 그를 기반으로 한 활동을 일컫는다. 둘째, 영 케어러가 집에서 맡는 돌봄과 책임 줄이기. 이는 실제 도움이 필요한 영 케어러가 이용할 수 있는 행정적 서비스로 이어져야 하며 영 케어러의 부모와 가족에 대한 지원체계를 포함한다. 셋째, 영 케어러에 관한 사회의식 높이기. 학교를 대상으로 한 설명회를 비롯해 영 케어러가 일상생활에서 만나는 교사 및 의료·복지 전문가에 대한 연수가 이에 해당한다. 당사자에 대한 구체적인 지원은 영 케어러가 누구이며 어떤 상황에 처해 있고 실질적으로 어떤 어려움을 겪는지 아는 것에서부터 출발한다.

이러한 지원방향은 코다에게도 해당된다. 코다 당사자들의 자조 모임에서 출발하여, 코다에게 통역 돌봄을 시키기보다는 코다 자신으로 성장할 수 있도록 코다에 대한 인식개선을 위해 활동해온 코다코리아의 활동방향이기도 하다.

조기현은 현재 진행 중인 영 케어러 지원대책은 우리가 어떤 돌봄사회를 만들 것인지에 대해 논의하고 실험하는 출발점이 될 수 있다고 강조한다. 지역사회 통합 돌봄(커뮤니티 케어)과 비공식 무급 돌봄에 대한 지원이 충분하지 않은 상황에서 영 케어러에 대한 논의 및 지원대책이 먼저 이루어진 것은 '돌봄 제공자에 대한 체계적인 첫 지원'을 뜻하기도 한다고 말이다. 돌봄과 복지의 사각지대에 놓인 이들을 발견하고 지원하는 것은 결국 모두가 돌봄자가 되는 사회, 돌봄사회로 가는 기회가 될 수 있다. 이는 런던에서 학술 모임으로 시작된 단체 더 케어 컬렉티브가 책 『돌봄 선언』에서 던졌던 질문과도 이어진다.

"여기에서 우리는 묻는다. 우리가 돌봄을 우리 삶의 중심에 놓으면 무슨 일이 벌어질까?"

*

코다는 영 케어러이자 (평생) 케어러다. 음성언어 중심 사회에서 통역 돌봄을 수행하는 영 케어러로서 코다를 인식하고 지원하는 것은 곧 돌봄사회로 향하는 출발점이다. 조기현은 영 케어러에 대한 논의와 대책은 단순히 어떤 집단을 지원하자는 의미를 넘어 여러 이슈를 논의할 수 있는 장이 된다고 말한다. 이렇게 코다는 돌봄 의제와 만난다.

그러나 놓치지 말자. 누군가를 돌보는 경험은 긍정적인 효과를 가져오기도 한다. 임상심리를 연구하는 벤테 스톰 모와트 호글랜드는 "돌봄 책임과 그 역할수행이 공감능력, 문제해결능력, 위기조절능력 등을 향상시키고 탄력회복성을 증가시킬 수 있다"고 말한다.* 우리의 경험은 복잡하다. 인생이 그런 것처럼 말이다. 영 케어러이자 장애부모의 자녀이자 언어적 소수자의 자녀인 코다는 복잡다단하지만 동시에 두터운 삶의 경험을 가진다.

---

* Haugland, et al., "The Burden of Care: A National Survey on the Prevalence, Demographic Characteristics and Health Problems Among Young Adult Carers Attending Higher Education in Norway," *Front Psychol*, 2020.

# 세상을 바꾸는 여성들

온라인으로 진행된 비대면 행사에서였다. 연사로 나온 활동가가 말을 너무 잘했다. 똑 부러지고 거침이 없었다. 마이크가 내게 넘어왔다.

"여기 계신 활동가분들 모두 국회로 보내야 합니다. 그렇지 않습니까?"

농담 반 진담 반으로 한 말에 사람들이 웃었다. 옳다구나 하며 박수를 쳤고 공감의 댓글이 이어졌다. 그중 누군가 이렇게 말했다.

"우리의 소중한 활동가입니다. 함부로 국회로 보내지 마세요."

*

'무엇을 위해, 어떻게, 누구를 위해 정치할 것인가?'라는 질문을 가지고 여성정치인 21명의 이야기를 엮은 책『여성, 정치를 하다』를 쓴 저자 장영은은 정치하는 여성들에 대한 글을 연재하기 시작하자 "이제 정치를 하려고 하느냐"라는 말을 들었다고 한다. 사회 및 정치 현안에 대해 목소리를 높이고 각자 분야에서 활발하게 활동하는 일이 전문영역으로 인정받는 것이 아니라, 어째서 정계로 가기 위한 사전작업처럼 여겨지는지 의문이라고 그는 말한다. 국회의원 및 당대표, 대통령이 되는 것만이 정치의 목표지점인 것처럼 말한다면 그건 정계에서의 정치가 다른 분야에서의 정치보다 우위에 있다는 인식을 보여주는 것이라고, 우리는 보다 넓은 의미에서 '정치'라는 단어를 사용해야 하며 누구나 각자의 영역에서 정치할 수 있어야 한다고 말이다.

이 책은 '몫 없는 이들의 몫'을 찾는 여성을 다룬다. 각 분야에서 정치적 행위를 통해 '몫'을 찾기 위해 사회적 실천을 수행했던 이들이다. 글을 쓴 여성, 노래를 부른 여성, 그림을 그린 여성, 나무를 심은 여성, 환자를 치료한 여성, 승차를 거부한 여성, 선거운동에 뛰어든 여성, 권력을 쟁취한 여성, 국제기구에서 근무한 여성 모두가 "각기 다른 방식으로 정치에 참여했다"

고 말한다. 이 사람 말을 잘하니 국회로 보내 정치를 하게 하자고 했던 나의 발언을 떠올렸다. 그는 사회적 영향력을 행사하는 활동가였고 자신의 활동으로 충분히 몫을 찾고 있는 여성이었다. 국회로 가도 좋지만 꼭 국회로 갈 필요는 없었다. 한치의 의심 없이 정계에서의 정치가 가장 가치 있는 것이라 여겼던 내 모습에 얼굴이 붉어졌다.

1974년 프랑스 보건부장관으로서 임신중단 합법 법안을 통과시켜 여성의 재생산권리를 쟁취한 시몬 베유, 1955년 백인에게 자리를 내어주지 않음으로써 승차거부운동을 시작하고 승리로 이끌어내며 미국 인종차별운동을 이끈 로자 파크스, 장애를 '극복'한 여성으로서 살기를 거부하고 인종차별 비판과 여성의 참정권 획득을 주장하며 목소리 높였던 헬렌 켈러, 천방지축 좌충우돌의 여자 어린이 '말괄량이 삐삐'를 창조하고 약 110편의 작품을 발표하는 한편 현실정치에 관여하며 아동과 동물복지 권리를 위해 싸웠던 작가 아스트리드 린드그렌, 예술과 정치는 절대 분리될 수 없다며 죽을 때까지 예술로 영향력을 행사했던 판화가 케테 콜비츠 등 이 책에는 각기 다른 영역에서 정치하는 여성들이 등장한다.

현실정치를 해야겠다며 발 벗고 뛰어들고, 시민운동에 불을 붙이는 활동가가 되고, 글 쓰고 그림을 그리고 노래를 부르며 연대하고, 장관이 되어 법안을 통과시키고, 나라의 수장인

총통·총리·대통령이 되는 여성들이 여기 있다. 그들의 여정을 따라가다보면 어렵고 멀게만 느껴졌던 정치가 아주 일상적인 단어가 된다. 위인전에서 접했던 백의의 천사 나이팅게일, 기적의 여인이자 빛의 천사 헬렌 켈러, 미국의 전 대통령 버락 오바마의 부인 미셸 오바마, 한국 최초의 서양화가이자 작가인 나혜석 등 평소 '천사' '대통령부인' '여류화가'로 불렸던 이들이 실은 각자의 자리에서 정치를 했던 '정치인'이라는 걸 깨닫게 된다. 권리확보를 위해 치열하게 투쟁한 삶의 이야기는 정치의 의미를 확장시킨다. 이들은 정치하는 여성이었고 그들의 활동은 너무나 정치적인 행위였다.

\*

우리에게는 정치하는 여성이 더 많이 필요하다. 다양한 영역에서 권리를 확보하기 위한 사회적 실천이 필요하다. 그것이 꼭 정계에서의 정치일 필요는 없다. 그러나 정계에서 정치하는 여성도 필요하다. 구의원, 시의원, 국회의원으로서 시민을 대신하여 대의정치를 하고, 필요한 법을 발의하고 입법하여 예산을 효율적으로 사용할 수 있도록 하는 여성이 필요하다. 각 나라의 수장이 되어 통치하고 통합하는 여성, 매우 시급하다.

다큐멘터리 영화 「세상을 바꾸는 여성들」은 2018년 11월 치러진 미국 중간선거에 출마하기 위해 민주당 예비선거에 뛰어든 4명의 여성을 담는다. 1989년생의 유색인종이자 바텐더로 일하는 노동자 계층으로서 뉴욕 14구 하원의원 선거에 출마한 알렉산드리아 오카시오코르테스, 광부의 딸로 태어나 무분별한 석탄산업으로 망가져가는 마을과 가족, 친구들을 그냥 지켜볼 수는 없어 웨스트버지니아 상원의원 선거에 뛰어든 폴라 진 스웨어런진, 한때 홈리스였고 싱글맘으로서 미주리 최초의 흑인 여성 의원이 되기 위해 1지역구 하원의원으로 출마한 코리 부시, 보험증이 없어 적절한 치료를 받지 못해 심장마비로 세상을 떠난 딸과 같은 이들을 대변하기 위해 네바다 4지역구 하원의원 선거에 출마한 에이미 빌레라의 여정을 좇는다.

겉보기에 전혀 정치할 것 같아 보이지 않는 이들이 정치를 하겠다고 나선다. 난생처음 해보는 선거운동을 풀뿌리 방식으로 해낸다. 여성정치인을 만들자며 자원봉사자를 모으고 그들과 함께 집집마다 방문하여 의견을 청취한다. 여성정치인, 청년정치인, 유색인종정치인, 노동자계급정치인, 정치경험이 없는 정치인에 대한 편견에 맞선다. 정치는 어떤 한 사람을 왕으로 만드는 일이 아니라 지역구 사람들을 대변하는 일임을 보여준다. 영화 말미에 누군가는 당선되고 누군가는 패배한다. 그러나 영화에 등장하는 여성들은 미안하지 않다고 말한다. 우리를 모이게 한 불평등은 끝나지 않았으며 그렇기에 아직 해야 할 일이 많다고 외친다. 세상을 바꾸려는 의지는 꺾이지 않는다.

알렉산드리아 오카시오코르테스는 10선의 현직 하원의원 조 크롤리를 15% 차이로 꺾고, 중간선거에서 78%의 득표율로 최연소 여성 하원의원이 된다. 코리 부시는 영화 속에서는 예비선거에 떨어지지만 2020년 11월 미국 대선과 함께 치러진 연방 하원의원 선거에서 미주리 최초의 흑인 여성 연방의원으로 당선된다. 에이미 빌레라는 2022년 선거를 준비하고 있고, 폴라 진 스웨어런진 역시 정치인이자 활동가로 일한다.

비단 미국의 모습만은 아니다. 한국에서도 여성정치인의 활약이 돋보인다. 정치에는 관심이 없다고 말하던 사람들이 나를 대변하는 정치인이 생겼다며 비로소 정치의 효용성을 느낀다. 스스로를 페미니스트라 말하고 여성 의제를 내건 여성정치인에게 환호한다. 이들은 필요한 법안을 발의하고 시급한 일에 목소리를 내며 정치인으로 일한다. 정치하는 사람은 타고나지 아니한다. 몫을 찾기 위해 택하는 것이 바로 정치다. 여성은 몫을 찾고 세상을 바꾸기 위해 정치한다.

*

2020 도쿄 올림픽에서 세개의 금메달을 따 사상 첫 올림픽 양궁 3관왕에 오른 안산 선수에게 이해할 수 없는 말들이 쏟

아졌다. 쇼트커트를 했고, 여대에 다니고, 광주 출신이고, 세월호 배지를 달고 있으니 페미니스트라며 사상검증을 했다. 메달을 반환해야 한다는 터무니없는 주장과 함께 여성에 대한 혐오와 폭력을 양산했다. 그가 페미니스트인지 아닌지는 상관없다. (물론 페미니즘은 사회의 성차별에 반대하며 모든 이에게 평등을 가져다주는 운동이자 관점이기에 모두가 페미니스트가 되지 않는 것이 이상하다.) 안산 선수는 여성으로서, 스포츠를 하는 사람으로서, 양궁선수로서 그의 자리에서 최선을 다했다. 치열하게 노력했고 괄목할 만한 성과를 이루었다. "당신 페미냐"라는 폭력적인 질문에 고분고분하게 답하지 않고 "이게 편하니까요"라고 당당하게 말했다. 이는 여성이 가만히 있지 않고 어디서 시끄럽게 떠들고 설치냐는 여성혐오와 폭력으로 이어졌다. 안산 선수는 그의 영역에서 정치한다.

그만 그럴까? 우리 모두가 그렇다. 여성으로서 글을 쓰며, 세상을 바꾸는 여성들에 대한 영화를 만들며, 장애인으로서 강연을 다니며, 유리천장을 깨기 위해 오늘도 회사에 나가며, 경력이 단절되지 않기 위해 애쓰며, 성소수자로서 활동하며, 유색인종으로서 스포츠를 하며, 임금차별을 없애기 위해 더 높은 조건으로 협상하며 각자 영역에서 정치한다.

정치인만 정치를 하는 것이 아니다. 우리는 이미 권리를 찾기 위한 정치를 하고 있다. 스포츠 영역도 마찬가지다. 노르

웨이 비치 핸드볼 팀은 여성선수만 입어야 하는 짧은 비키니가 지나치게 성적이고 불편하다며 문제를 제기했다. 요청이 받아들여지지 않자 남성선수들처럼 반바지를 착용하고 출전했고 "부적절한 옷차림"이라며 벌금을 부과받았다. 독일 여자 기계체조 대표팀은 원피스 수영복과 비슷한 모양의 전통적 유니폼을 거부하고 전신 타이즈 형태의 유니폼을 입었다. 여성선수들은 누구나 자신이 편하게 느끼는 유니폼을 선택할 수 있어야 한다며 여성에 대한 성적대상화에 저항한다. 이는 선수로서의 권리를 찾는 정치다.

정치하는 여성이 필요하다. 정계에서의 정치뿐 아니라 다양한 영역에서 잃어버린 몫을 찾는 이들, 보다 넓은 의미에서의 여성정치인이 필요하다. 목소리를 높이는 이들에게 시끄럽다고 정치적이라고 비난하지 말자. 당신과 나의 일상은 충분히 정치적이며 더욱더 정치적이어야 한다. 누구나 정치할 수 있는, 더 많은 여성이 정치하는 세상을 꿈꾼다.

# 왜 세상은 미래세대가 구해야 하죠?

    2018년 15세의 그레타 툰베리가 스웨덴 국회의원 선거에서 기후위기를 핵심의제로 올릴 것을 요구하며 결석시위를 했다. 이로부터 전 세계 700만명 이상이 동참하는 '미래를 위한 금요일' 파업이 시작되었다. 네덜란드 헤이그에서 기후파업(Climate Strike)이 열린다는 소식을 듣고 기차를 잡아탔다. 문자 그대로 사뿐히 올라타고 싶었는데 그럴 수 없었다. 인산인해를 이룬 승객들로 발 디딜 틈이 없었기 때문이다. 상자를 재활용해 만든 손팻말을 들고 타려는 초등학생부터 학교를 결석하고 나온 중·고등학생, 대학생으로 보이는 청년들까지 모든 승객이 약속이나 한 듯 같은 역에서 내렸다. 구호를 외치며 행진했다.

    "뭘 원하는가? 기후정의! 언제 원하는가? 지금!"

기후정의(Climate Justice)라는 단어가 어색해 한참을 입 안에서 굴려보았다. 기후변화의 원인과 영향이 초래하는 비윤리와 부정의를 줄이기 위한 사회운동을 기후정의라고 한다. 기후변화에 적응하는 데 필요한 기금을 마련하거나, 기후변화에 대처할 재정이나 기술이 없는 개발도상국을 지원하는 것으로 자신과 가족, 지인 등의 작은 단위를 넘어 초국가적 연대와 협력을 기반으로 한다. 기후변화는 이미 일어나고 있고 지금 우리가 할 수 있는 일은 기후정의를 요구하고 실천하는 것임을 떠올리며 구호를 외쳤다.

　시위대의 행진을 쫓아 도심을 돌았다. 어디서 나왔는지 모를, 북을 치고 심벌즈를 맞부딪치는 연주단을 쫓아 사람들이 춤을 췄다. 긴 막대기 끝에 북극곰 인형을 매달아 들고 나온 소년과 그의 엄마가 눈앞으로 지나갔다. 유모차를 끌고 나온 부모들, 아이를 어깨 위에 태워 시위현장을 보여주는 아빠, 히잡을 쓴 청소년이 10대가 직접 기획하고 주도한 기후파업에 동참했다. 네덜란드에서도 이런 대규모집회가 열린다니! 반가운 마음으로 카메라를 들고 현장을 뛰어다녔다.

　그때였다. 누군가 "악!" 하고 소리를 질렀다. 고개를 돌려보니 한 청소년이 당황한 표정으로 서 있었다. 계란을 맞은 것이다. 많아야 열여덟, 열아홉살로 보이는 그는 억울한 목소리로 울부짖었다. 사람들이 손수건을 건넸다. 어떤 이는 화가 난 표정으로 주위를 둘러봤다. 위에 건물이 있었으니 누군가 고의로 떨어뜨린 것일 테다. '세상에나. 기후정의에 반대하는 사람이 있어?' 혼란스러운 마음으로 고개를 들었다. 고층빌딩의 유리창 사이로 팔짱 낀 사람들이 눈에 보였다. 금요일 오후, 업무시간에 일을 하다 큰 소리가 들려 구경하러 나온 이들이었다. 양복 차림의 어른들을 바라봤다. 행진하는 대다수의 청년, 청소년과 사뭇 대비되는 풍경이었다. 누군가는 '기후정의'라는 단어를 목이 터져라 외쳤고, 누군가는 계란을 던졌다. 어떤 이는 파업에 참가하고 싶었지만 데려가줄 보호자가 없어 그러지 못했다. 파업신청을 미처 하지 못한 이들은 창문을 열고 환호하며 지지의 함성을 보냈다. 그 사이로 종종 싸늘한 표정을 마주했다. 치기 어린 아이들을 쳐다보는 것 같은 그 얼굴을 기억한다.

*

　　다큐멘터리 영화 「그레타 툰베리」에서 그 표정을 다시 만났다. 기후정의를 지금 당장 원한다며 학교를 결석하고 의회 앞에서 시위를 하는 그레타에게 사람들은 이해할 수 없다는 얼굴로 고개를 가로젓는다. 무표정한 얼굴로 반응하거나 화를 낸다. 누군가는 귀엽다고 말하며 어깨를 쓰다듬고, 몇몇 이들은 사진을 찍자며 다가온다. 그 순간 그레타는 '이상한 사람'이 되거나 '영웅'이 된다. 지금 열심히 배워야 미래도 바꿀 수 있다며 학교로 돌아가라고 말하는 어른에게 그는 반문한다.

"미래가 없는데 배워서 뭐 해요?"

그레타는 기후위기운동의 아이콘이 된다. 사람들은 세상을 구할 영웅이자 다음 세대의 대표로 그를 유엔 기후변화협약 당사국 총회로, 유럽의회로, 그린피스 시위로 부른다. 우리에게는 기후정의가 지금 당장 필요하다는 말을 하기 위하여 그는 스스로 시대의 아이콘이 되기를 택한다. 비행기를 타지 않겠다는 소신을 가지고 지하철, 버스, 기차 등의 대중교통과 전기차를 탄다. 채식을 하며 탄소배출을 줄인다. 그런 그에게 사람들은 눈물을 흘리며 말한다. 그레타와 같은 다음 세대가 세상을 구할 것이라고, 우리에게는 희망이 있다고. 그런 어른들에게 그레타는 웃음기 없는 얼굴로 말한다. 기후위기로 인한 대멸종이 시작되면 그런 일은 불가능하다고, 현재 일어나고 있는 일을 다음 세대가 바꿀 수는 없다고 말이다.

이제는 그레타 툰베리를 어디서든 찾을 수 있다. 신문기사, 영상매체, SNS 등에 관련 정보가 차고 넘친다. 그럼에도 영화「그레타 툰베리」를 봐야 하는 이유는 그의 표정을 오래 들여다볼 수 있기 때문이다. 누군가는 그가 연기에 능하다고 말한다. 부모가 사상을 주입해서, 환경단체에서 가르쳐줘서, 스타가 되고 싶어서 그렇게 행동한다고 비방한다. 그러나 영화를 보면 그렇게 말할 수 없다. 사람들이 사진 한번 찍자고 카메라를 들이밀면 입가에 힘을 주고 미소를 지으려고 노력하지만 매번 실패하는 그레타가 등장한다. 반면 가족이나 반려견과 함께 있을 때면 이런 모습까지 다 보여줘도 괜찮나 싶을 정도로 자연스러운 모습을 보인다. 기후위기를 막을 수 없다는 절망과 무력감이 찾아올 때면 그는 어쩔 줄 몰라하거나 울거나 춤을 춘다. 그레타는 아스퍼거 증후군을 갖고 있다. 기자 하나가 아스퍼거 증후군을 앓고 있느냐고 묻자 그는 정확히 말한다.

"앓는 것이 아니라 가진 것이죠."

그레타는 결석시위를 시작하기 전, 1년간 아무도 만나지 않았다. 3년 동안 가족 이외의 그 어떤 사람과도 대화를 나누지 않았다. 아스퍼거 증후군은 사회성 발달에 어려움을 겪는 전반적 발달장애의 일종인데 자신만의 규칙을 강박적으로 지키거나 사물을 전체적으로 인식하지 못하고 특정 부분에 집착하는 등 일반적이지 않은 행동을 보이는 것이 특징이다. 그런 그레타를 두고 누군가는 기후에 집착하는 발달장애인이라 비방한다. 그런데 기후에 집착하지 않을 이유는 또 무엇인가? 기후위기와 기후정의는 전 개체의 멸종이 걸려 있는 중요한 문제다. 그런 그를 보고 아버지는 말한다. 그레타는 이 세상 정치인의 97%보다 기후위기를 정확하게 이해하고 아는 것 같다고. 그레타는 말한다.

"가끔은 모두에게 아스퍼거 증후군이 있었으면 해요. 적어도 기후위기 문제에 있어서는요."

영화는 2019년 미국 뉴욕의 유엔본부에서 열린 기후행동 정상회의에 참석하기 위해 태양열로 구동되는 친환경 요트를 타고 대서양을 횡단하는 그레타를 담는다. 모두가 미쳤다고 했지만 그들은 해낸다. 비행기를 타고 스웨덴과 뉴욕을 9시간 만에 왔다 갔다 하는 것이 비정상적이라고, 대멸종의 시대가 오면 우리는 이렇게 세상을 살아가야 한다는 걸 몸으로 보여준다. 그러나 그 과정에서 그레타가 마주친 것은 그리움이다. 평범하고 규칙적인 일상으로 돌아가고 싶은 그 마음. 그러나 우리는 돌아갈 수 없다. 그는 세계 정상들 앞에서 똑똑히 말한다.

"당신들은 청년들에게 희망을 구하러 옵니다. 염치도 없나요? 어떻게 감히 그럴 수 있나요?"

\*

영화 속 기후행동활동가들은 문제를 해결하고 결정할 수 있는 어른들에게 요청한다. 지금 당장 탄소배출을 줄이고 기후정의를 실현할 수 있는 대책을 세우라고. 이 영화는 그렇게 내게 왔다. 기후위기 대응을 위해 정책변화를 요구하는 한국 청(소)년들의 시민단체인 청소년기후행동에서 영화를 보고 기후정치 캠페인에 참여해줄 것을 요청했다. 우리에게는 그레타 같은 한명의 아이콘이 아니라 기후위기에 맞서는 정치가 필요하다는 내용으로, 기후위기를 정치적 의제로 끌어올리고 기후위기에 맞서는 정치인에 대한 지지기반을 확보하는 것이 캠페인의 목표다.

기성세대는 쉽게 말한다. 다음 세대가 세상을 구할 것이라고, 열심히 공부하고 좋은 대학에 가야 무언가를 바꾸거나 결정할 수 있다고.

그러나 끊이지 않는 장마와 전례 없는 폭염, 이상하게 따뜻했던 겨울, 코로나19의 세계적 대유행을 몸으로 겪은 세대에게 미래란 없다. 2030년, 2040년까지 살 수 있을지도 잘 모르겠다. 그래서 이들은 기후정의를 정치적 의제로 선정하고 사회적으로 문제를 알려줄 어른들에게 절박한 마음으로 메시지를 보낸다. 그러나 언제까지 이들은 결정권이 없는 다음 세대이자 청소년, 청년이어야 하나? 대멸종의 시대를 살아갈지도 모르는 이들이 권력을 가지고 의제를 선정하고 정책을 결정할 수 있어야 한다. 기후위기 문제에 있어 그 누구보다 강박적으로 생각하고 행동하는 아스퍼거 증후군을 가진 그레타가 환경부장관이거나 대통령이어야 한다. 언제까지 이들은 손으로 만든 팻말을 들고 등교를 거부하고 파업을 외치며 거리로 뛰쳐나와야 할까? 다음 세대가 세상을 구할 것이라는 그 말은 지금 한국

사회의 정치판에서도 들을 수 있다. 청년세대, MZ세대, 90년대생이 세상을 바꿀 것이라고, 그러니 너희들이 문제를 진단하고 해법을 내놓으라고. 그런데 왜 다음 세대만 세상을 구해야하나?

그런 무책임한 어른이 되지 않기 위해서 영화 「그레타 툰베리」를 보자. 시대의 아이콘이지만 그 누구보다 평범한 시민인 그레타가 짊어진 부담감을 나눠지자. "차 한잔 줄까?"라고 묻는 어른에게 "아뇨, 물 있어요"라고 말하며 빨간색 물통을 꺼내는 그레타처럼 일회용품 대신 다회용 컵을 사용하자. 완전한 비건이 되지 못한다고 포기하는 것이 아니라, 일상에서의 육식을 줄이는 비건 지향인이 되자. 그레타를 보고 '영웅'이라고 엄지를 세우기보다는 우리 모두가 그레타가 되자. 배달음식을 줄이고, 대중교통을 이용하고, 에어컨을 끄고, 소비를 줄이는 것만으로도 우리는 그레타가 될 수 있다. 일상에서의 기후정의를 실현할 수 있다. 어떻게 하면 기후위기를 뜨겁고 멋진 정책적 의제로 만들 수 있을지 상상해보자. 지속 가능한 삶의 방식을 고민하며 일상과 정치, 사회적 의제를 촘촘히 엮어보자. 선거에서는 누가 기후위기에 맞서는 정치인일지 날카롭게 들여다보자. 그렇지 않으면, 세상은 다음 세대가 절대 구할 수 없다.

# 가장 사적이고 가장 정치적인

　　지리학은 지표상에서 일어나는 자연 및 인문 현상을 지역적 관점에서 연구하는 과학의 한 분야다. 여기 캐나다 노바스코샤주에서 156킬로미터 떨어진 외딴섬인 세이블섬에서 40년이 넘는 시간 동안 대부분 홀로 지내며 섬에 대한 연구를 이어온 환경보호활동가인 조이 루커스가 있다. 그는 1970년대 회색바다표범 조사 연구팀의 식사를 준비하는 자원활동가로 이 섬에 처음 방문한다. 미술학도였던 조이 루커스는 보트나 전세기로만 접근이 가능한 자연 그 자체인 환경에 매료되어 섬의 유일한 주민이 되기로 한다. 영화는 해양생물학자로서 세이블섬을 오랫동안 기록해온 조이 루커스의 시간을 좇는다. 이를 통해「고독의 지리학」이라는 제목에 다다른다.

　　　　　　　　　　　　　　　*

　영화는 화면 속을 가득 메운 별들의 모습을 보여주며 시작
한다. 쏟아지는 별들 사이로 섬에 살고 있는 야생마들의 윤곽
을 비춘다. 어둠 속에서 말들은 카메라를 응시한다. 고요한 적
막이 흐른다. 조이 루커스가 손전등으로 말의 형체를 살핀다.
그와 카메라는 말없이 섬을 응시한다. 영화는 섬에 살고 있는
야생마, 회색바다표범, 조류, 해양 쓰레기, 지형에 대해 지속적
으로 연구해온 조이 루커스의 일상과 기록을 담담히 그려낸다.
　세이블섬은 프랑스어로 '모래'라는 단어인 sable에서 이름
을 따왔다. '모래의 섬'으로 불리기도 하는 이 섬의 총 길이는
40킬로미터에 이르지만 폭이 가장 넓은 곳이 2킬로미터에 불
과하다. 초승달 모양의 모래톱으로 이루어진 섬은 대서양의 독
특한 곳에 위치하여 희귀한 동식물이 번식하는 곳이기도 하다.
이에 중요 조류 보호구역이자 국립공원 보호지역으로 지정되
었다.
　1984년생인 재클린 밀스 감독은 어렸을 때 TV를 통해 이
섬에 혼자 사는 여성연구자인 조이 루커스를 알게 되었다. 그
때부터 그에 대한 영화를 만들고 싶었던 감독은 어떠한 촬영팀
도 없이 무거운 16밀리미터 필름 카메라를 들고 섬에 방문한
다. 세이블섬과 이곳에서 살아가는 영화 주인공인 조이 루커스

와의 관계를 세이블섬만의 방식으로 찍고 싶었기 때문이다. 영화를 찍는 행위를 통해 감독이자 촬영자인 재클린 밀스는 스스로 자연 속에서의 고독이라는 환경에 놓이기를 자처한다. 이를 통해 섬의 모래, 사구, 햇빛, 바람, 파도, 말, 새, 딱정벌레와 같은 동식물과 정확하게 관계 맺는다. 영화는 그 관계의 순간을 포착한다.

영화 주인공인 조이 루커스는 섬에 거주하며 연구를 해온 지 40년이 지났는데도 매번 새로운 개체를 발견하며 그 순간은 여전히 믿을 수 없을 정도로 놀랍다고 고백한다. 영화는 시청각매체라는 미디어를 통해 주인공과 함께 이 섬을 기록하고 수집하기를 시도한다.

조이 루커스는 망원경을 들고 말들이 서식하는 장소 부근에서 각 개체의 모습과 변화, 행동을 기록한다. 말의 분뇨를 분석하여 무엇을 먹었고, 분뇨에서는 어떤 회충이 나왔으며, 어느 위치에서 발견된 누구의 분뇨인지 등의 정보를 수집하여 수치화한다. 세이블섬의 야생마들은 한 상인이 말을 길러 본토에서 판매하기 위해 방목한 때부터 섬에 살게 되었다. 그 과정에서 몇몇 말들이 방치되었고 처음에는 150~250마리였던 야생마 개체수가 지금은 450~500마리로 늘어났다. 유전적으로 독특한 특성을 가지고 있어 몇몇 연구가 진행되었고 현재는 노바스코샤주의 공식 말로 지정되었다.

조이 루커스는 말들의 모든 여정을 기록한다. 그러다 말의 사체를 만날 때면 직접 모래를 파 땅속에 파묻는다. 자연스럽게 부식되게 하기 위함이다. 일정 시간이 지나 뼈만 남게 되면 두개골을 연구소로 가져간다. 그렇게 모은 말의 두개골이 화면을 가득 채운다. 이는 세이블섬의 야생마가 어떻게 진화하고 있는지 보여주는 귀중한 자료가 된다. 그의 관심은 다른 동식물로도 이어진다. 딱정벌레를 채집하는 것으로부터 시작한 아카이빙은 섬에 서식하는 다양한 곤충을 수집하고 기록하는 행위로 확장된다. 그가 수집한 표본은 박물관으로 보내져 공식적인 역사가 된다.

그의 수집과 기록, 아카이빙은 여기서 그치지 않는다. 세이블섬은 세계 최대의 회색바다표범 번식지이기도 하다. 5만 마리라는 엄청난 숫자의 회색바다표범이 12월 말부터 2월 초 사이에 섬을 찾는다. 모래바람을 맞으며 새끼를 낳고 먹이를 사냥하면서 개체수를 보존한다. 조이 루커스는 노트와 펜을 들고 섬 곳곳을 누비며 회색바다표범은 물론이고 이 섬을 오가는 각종 조류를 기록한다. 이는 환경오염 문제에 대한 관심으로 이어진다. 조이 루커스가 22년 동안 수집한 새 300여마리의 사체를 해부한 결과, 72%가 위에 플라스틱이 가득 차 죽은 경우였다고 한다.

그는 동식물뿐 아니라 섬에 끊임없이 밀려들어오는 크고

작은 쓰레기들을 전부 모은다. 풍선의 링, 헬륨 풍선과 끈, 플라스틱 생수병, 도저히 옮길 수 없는 엄청난 크기의 전선 쓰레기, 바닷속에서 미세하게 깎이고 깎여 핀셋으로만 잡을 수 있는 작은 크기의 플라스틱까지. 이 모든 쓰레기들을 깨끗이 씻어 말려 보존하고 번호를 매겨 수치화한다. 조이 루커스가 섬의 모든 것을 수집하고 기록하듯 카메라는 인물과 자연을 담담하고 꼼꼼하게 담아낸다. 주인공이 섬과 관계 맺는 방식은 카메라가 대상, 세이블섬과 조이 루커스와 맺는 관계 그 자체가 된다.

*

이는 영화의 스타일로 승화된다. 감독은 대상을 관찰적으로 촬영하는 방식인 '다이렉트 시네마(Direct Cinema)' 기법으로 주인공의 행위를 담아낼 뿐만 아니라 자연적 요소를 활용하여 영화를 말 그대로 만들어낸다. 쏟아지는 별빛에 16밀리미터 필름을 노출시키고 섬에서 채취한 해초에 필름을 현상한다. 이를 통해 세이블섬의 별빛과 해초라는 자연이 필름으로 영화를 만드는 행위에 직접적으로 영향을 미치는 방법을 고민하고 실험한다. 이는 작가 자신의 성찰과 사유의 과정을 중요하게 여기며 작가적 사유와 주관성이 강조된 에세이 영화(Essay Film)로 확장된다. 장뤼크 고다르의 표현대로 "생각하는 형식이자 형성하는 생각으로서의 영화"다.

감독은 세이블섬의 곤충들이 내는 소리를 채집하여 음악으로 만든다. 접촉 마이크에 올라간 곤충의 움직임을 수집하여 패턴화해 음악으로 변환한다. 이는 세이블섬에 사는 다양한 동식물들의 움직임을 표현하는 소리이자 배경음악이 된다.

대사도 별로 없고 이렇다 할 특별한 소리도 없을 것 같은, 자연 그 자체인 세이블섬을 담은 이 영화는 섬에서 채집한 여러 소리들의 변주로 가득하다. 감독은 사운드 디자인이라는 과정을 통해 자칫하면 지루하게 보일 수 있는 풍광을 새롭게 구축해낸다. 관객에게 섬의 사구 위에 앉아 바람을 맞다가도 버려진 나무집 안에 앉아 고요히 섬을 바라보는 듯한 체험을 선사한다.

영화 속에서 감독과 주인공은 그리 특별하지 않아 보이는 소소한 이야기를 나눈다. 이 필름이 45번째로 사용하는 릴이라든지, 어디서 무얼 찍을 것이라든지, 이것이 이번에 가져온 마지막 필름이라든지 하는 말들이다. 섬에 가져온 필름을 모두 사용함으로써 촬영은 끝난다. 감독은 무한대로 찍을 수 있는 디지털카메라가 아니라 필름카메라를 사용함으로써 제한적인 촬영환경을 연출한다. 모래바람이 불거나 촬영장비에 모래가 들어가 고장이 나면 더 이상 촬영할 수 없고 준비한 필름이나 배터리가 떨어지면 촬영을 마쳐야 하는 상황 속에서 감독은 배터리를 품에 안고 걷는다. 그 여정이 영화였다고 감독은 회고한다. 이는 제한된 물자와 상황 속에서 살아가는 주인공, 조이 루커스의 일상 속 수행과도 같다.

＊

주인공이 세이블섬이라는 자연을 대하는 태도, 감독이 영화라는 매체를 통해 세이블섬과 주인공을 대하는 태도는 곧 영화의 메시지로 수렴된다. 세이블섬은 저지대의 큰 모래톱으로 형성된 곳이라 해수면상승에 취약하다. 기후변화로 인해 폭풍의 빈도와 강도가 지속적으로 증가하고 있고, 이는 섬을 지속적으로 침식시키는 요소가 된다. 세이블섬은 세기말에는 사라질 것으로 추측된다.

환경오염으로 인한 기후변화로 조금씩 사라지고 있는 섬을 기록하며 환경보호에 대한 목소리를 내고 있는 조이 루커스를 담은 이 영화는 2022년 독일 베를린국제영화제와 캐나다 핫독스 국제다큐멘터리영화제 등을 통해 공개되었다. 2022년 5월 초에는 전주국제영화제 국제경쟁 부문에 소개되어 대상을 수상하기도 했다. 감독은 수상소감에서 이 영화를 집밥처럼 소박하고 편안한 영화라고 소개하며 "환경보호활동가인 주인공 조이 루커스가 모래 하나하나를 소중하게 다뤘듯 나 역시 프레

임 하나하나에 집중했다"고 말했다. 작고 소박한 영화지만 그 어떤 스펙터클한 영화보다 울림을 남긴다.

멋진 작품을 만날 때면 가슴에 손을 얹게 된다. 엔딩 크레디트가 올라가는 내내 가슴에 손을 얹었다. 사회로부터 멀리 떨어진 곳에서 홀로 살아가며 섬의 변화를 기록하는 행위가 도리어 가장 정치적이고 사회적인 일이 될 수 있다는 걸 깨달았다. 감독은 매체와 인터뷰하면서 한번도 스스로를 정치적인 영화감독이라고 생각해본 적이 없다고 말한다. 하지만 영화라는 매체를 통해 루커스와 신뢰관계를 형성하고, 그가 자연을 대하는 태도처럼 그를 영화 속에 담으며 그 관계성을 보여주는 행위는 관객으로 하여금 자연과 사회의 관계를 성찰하게 한다. 대상과 감독, 관객 간의 관계 맺기가 이루어진다.

다큐멘터리 영화를 만드는 일은 수집이자 기록, 아카이빙이며 대상-감독-관객과의 관계 맺기를 통해 여정을 함께하는 수행적 행위가 된다. 동시에 감독 자신의 사유와 성찰을 확장해내는 예술적 과정이기도 하다. 다큐멘터리 영화에서 이를 마주하는 경험은 조이 루커스의 말처럼 여전히 믿을 수 없을 정도로 경이롭다.

# 바깥에서 비로소 보이는 것들

"영화를 틀었을 때 당황했습니다. 빨간 국기들이 펄럭이더 군요. 교육공무원인 제가 이 영화를 봐도 괜찮은 것인지 의심 하면서 보게 되었습니다."

재일조선인 학생들이 다니는 조선학교가 일본정부를 상 대로 손해배상 청구 소송을 하는 여정을 좇는 영화 「차별」에 대한 교사의 피드백이다. 그는 자신이 비교적 열린 사람이라고 생각했는데 어떤 이데올로기에 대해서는 여전히 선입견이 가 득하다는 걸 알게 되어 당혹스러웠다고 고백했다.

나도 마찬가지다. 재일조선인에 대한 이야기는 어렵고 복 잡하다고 생각했고, 쉽게 다뤄서는 안 될 것처럼 느껴졌다. '조 선'이라는 단어는 어쩐지 '북조선'을 떠올리게 하고 '북한'이라는 단어는 떠올리지도 상상하지도 말아야 할 것처럼 여겨지는 탓이다. 남한 땅에서 나고 자라 지금의 한반도만이 '우리나라'라고 배워왔고 이 땅에서 사는 민족만이 '한민족'이라고 학습해왔던 기존의 인식 틀로는 재일조선인이라는 존재를 이해하기 어려웠다.

그래서일까. 재일조선인 2세로서 자전적인 가족사를 중심으로 한 다큐멘터리 영화 「디어 평양」(2005) 「굿바이, 평양」(2009) 「수프와 이데올로기」(2021)를 만들고, 본인의 경험을 바탕으로 한 극영화 「가족의 나라」(2012)를 찍은 양영희 감독의 영화는 어쩐지 멀게만 느껴졌다. 볼 기회가 있더라도 굳이 찾아보지 않았다. 보면 안 될 것만 같았고 굳이 찾아볼 필요성도 느끼지 못했다.

＊

역사학자이자 재일조선인 3세인 정영환은 1945년 해방의 날로부터 1950년 한국전쟁 발발 전까지 한반도로 귀화하지 못하고 일본에 남을 수밖에 없었던 조선인들이 생존을 위해 몸부림쳐야 했던 해방 5년의 역사에 대해 분석한 책 『해방 공간의 재일조선인사』를 통해 이렇게 말한다. "이 책이 다루는 시대의 사람들이 가졌던 의식이나 사상, 행동은 결코 일본열도의 틀로 수렴되는 것이 아니며, 항상 한반도를 시야에 두고 있었고, 때로는 사할린이나 중국, 태평양의 '동포'들로 이어지는 것"이었다고 말이다.

'한국인'이라는 정의를 지금의 한반도에서 나고 자란 민족으로 제한했을 때 일본의 식민지배하에 생존을 위해 한반도 바깥으로 뿔뿔이 흩어져야 했던 이들의 역사는 가려지고 사라진다. 일본의 역사에서도 제대로 기록되지 않는 재일조선인이 혼란스러운 역사 속에서 어떤 국가를 만들 것인지 얼마나 치열하게 고민하며 투쟁하고 연대해왔는지 정확하게 들여다볼 필요가 있다.

정영환은 재일조선인의 역사는 '이산'의 역사였다고 쓴다. 식민지배 당시 생존을 위해 자의 혹은 타의로 일본에 건너갔던 이들이 재일조선인 사회를 형성한다. 1940년부터 해방까지 5년간 100만~150만명이 일본으로 건너갈 것을 강요당한다. 국가기록원은 당시 일제의 식민정책으로 중국에 170만명, 일본에 210만명, 소련에 20만명, 미주 등의 기타 지역에 3만명의 인구가 뿔뿔이 흩어져 있었으며 도합 약 400만명에 달했다고 기록한다.[*] 이산의 역사로부터 출발한 재일조선인의 역사는 남의 역사가 아니라 그때 당시 한반도의 역사임을 보여주는 수치다.

● 국가기록원 「인구정책: 어제와 오늘, 시기별 인구정책 1940~1950년대」 https://theme.archives.go.kr/next/populationPolicy/policy1950.do

1945년 히로시마와 나가사키에 원자폭탄이 투하되면서 해방과 동시에 공포의 시간이 찾아온다. 피폭자 69만명 가운데 피해 입은 조선인 약 7만명이 포함되어 있다. 40만명의 조선인이 해방과 동시에 귀화를 선택한다. 1946년 3월까지 약 100만명의 사람들이 조선으로 돌아간다. 조선인 60만명은 일본 땅에 남을 것을 선택한다.

1947년 5월 2일 일본정부는 식민지국가의 국민이자 신민이었던 재일조선인을 외국인으로 간주하면서 등록 의무를 부과하는 외국인등록령을 발표한다. 정영환은 "아직 재일조선인이 '일본인'이라는 종래의 일본정부의 입장을 바꾸지 않으면서도 그 등록 의무나 의무 위반자에 대한 처벌에 대해서는 '외국인'으로서 재일조선인에게 적용할 수 있다는, 일본정부에게 대단히 편리한 법령"이었다고 비판한다.

조선이 일제로부터 해방된 1945년 8월 15일부터 한국전쟁이 시작된 1950년 6월 25일까지를 해방 공간이라 일컫는다. 해방의 공간에서 그 어떤 지배도 없이 한민족의 자주적 노력에 의한 독립국가를 실현하기 위한 운동이 벌어진다. 그러나 미국과 소련의 이해관계로 자주적 독립운동은 실패하고 만다. 미군정은 친미 성향의 우익 인사를 중심으로 남한만의 단독정부를 수립하려 한다. 제주에서는 1947년 삼일절에 일어난 경찰의 발포사건을 기점으로 세계적으로 유례없는 민관 총파업이 시작된다. 미국은 제주도를 '붉은 섬'으로 지목하고 본토에서 응원 경찰이 파견된다. 극우청년단체인 서북청년회 단원들이 제주에 들어와 경찰, 행정기관, 교육기관을 장악하며 테러를 일삼는다. 남로당 제주도당은 경찰, 서북청년회의 탄압에 대한 저항과 단독선거·단독정부 반대를 기치로 하여 1948년 4월 3일 무장봉기를 일으킨다. 미군정과 대한민국 정부는 토벌대를 통해 1947년 3월 1일부터 1954년 9월 21일까지 남로당 무장대를 진압하며 2만 5천명에서 3만명의 민간인을 학살한다. 진압군은 약 1천명 정도가 사망한다. 이를 제주 4·3이라 부른다.●

혼란스러웠던 건 한반도 바깥도 마찬가지였다. 당시 일본 열도 내에서 조선인의 결집이 위험하다고 판단했던 미 제8군은 재일조선인 민족교육 옹호 투쟁을 5·10 남한 총선거 실시 반대 투쟁과 연동된 것으로 간주했다. 1948년 4월 24일 고베시 전역에 비상사태를 선언하여 '조선인 사냥'을 한다. 4일 동안 1973명이 검거된다.

1949년 미 제8군은 제주도 등에서 일어난 항쟁을 제압한 결과, 남한 각지에서 일본으로 밀입국자가 늘지 않을까 우려해

---

● 본문 중 제주4·3에 대한 기술이 사실과 다르게 읽힐 수 있다는 지적을 받고 3쇄부터 구체적 맥락을 추가한다. 제주4·3에 대한 자세한 내용은 제주4·3사건진상규명및희생자명예회복위원회에서 펴낸 「제주4·3사건 진상조사보고서」 및 제주4·3평화재단에서 찾아볼 수 있다.

'조선인등록증명서'를 재발행하여 상시 엄수하고 갱신할 것을 일본정부에 요청한다. 이에 따라 1949년 일본법무부는 기존 외국인등록령의 벌칙을 강화하고 갱신제도를 도입하는 등 감시와 처벌에 입각한 개정을 실시한다. 이때 국적에 대한 기재는 할 수 없었다. 일본인, 즉 일본정부의 국민이 아닌 '외국인'으로 취급하지만 여전히 일본의 신민이라는 전제하에 만들어진 법령이다. 이에 재일조선인단체들이 반발하자 일본정부는 국적은 연동되지 않는 것으로 하되 국적란에 '조선적'과 '대한민국(남한)' 국적을 선택할 수 있도록 한다. 그러나 조선민주주의인민공화국(북한)은 선택지에 없었다. 일본정부가 공식적인 국가로 인정하지 않았기 때문이다. 대다수의 재일조선인은 통일을 요구하는 심정에서 조선적을 택한다.

이러한 맥락에서 재일조선인 2세로서 재일조선인 1세인 아버지와 어머니를 좇는 양영희 감독의 영화 「디어 평양」과 「수프와 이데올로기」가 펼쳐진다.

*

영화 「디어 평양」은 재일교포의 메카로 불리는 일본 오사카에서 오빠 셋을 둔 막내로 태어난 감독 양영희의 시선을 따라 전개된다. 감독의 아버지는 15살에 제주도를 떠나 일본에 정착하여 재일본조선인총련합회(이하 조총련)의 열렬한 활동가가 된다. 이후 지금의 어머니와 만나 결혼하여 아들 셋과 딸 하나를 낳는다.

당시 재일조선인의 생활은 힘겨웠다. 김귀옥 한성대 교수에 따르면 1952년 재일조선인 경제활동인구 가운데 무직자 비율이 62%였다고 한다.* 한국전쟁 직후인 1950년대 말 북한의 상황은 남한보다 나았다. 경제성장률이 10%대를 넘어서는 등 남한보다 높은 상승곡선을 그렸다.** 북한은 조총련 지원을 통해 재일조선인에게 교육과 직업의 기회를 마련해주었다. 이후 조선민주주의인민공화국은 1959년부터 1984년까지 180여차례에 걸쳐 재일조선인 약 9만 3천여명을 귀국시킨다. 이를 귀국사업(북송사업)이라 부른다.***

감독의 부모는 아들 셋을 북한에 보내기로 결정한다. 감독이 여섯살 때의 일이다. 영문도 모른 채 오빠들과 헤어져야 했던 감독은 그날 이후로 오랫동안 형제들을 볼 수 없게 된다.

---

* BBC 코리아 「재일교포 북송: 60년 전 오늘, 975명이 배를 타고 북한으로 이주했다」, 2019년 12월 14일.
** 한국경제 「1950년대 압도적이었던 북한 경제… 현재 경제규모 남한 2% 수준」, 2020년 7월 27일.
*** 당시 재일조선인의 대다수가 북한 출신이 아니라 남한 출신이었기 때문에 엄밀히 말해 '귀국'은 아니다. 감독의 아버지와 어머니는 제주도 출신이며 당시 아들 셋과 딸은 남한에도 북한에도 가본 적이 없었다.

감독은 일본에서 성장하면서 외국의 문물을 받아들이며 자유로운 분위기 속에서 성장한다. 그러나 오빠들은 그러지 못한다. 북한의 실정이 가혹하다는 걸 알게 된 어머니는 평생을 바쳐 아들과 그들이 이룬 가족, 친척, 지인들에게 학용품, 옷, 신발, 일회용 손난로 등을 비롯한 생필품을 보낸다. 이런 건 어머니밖에 못하는 일이라며 카메라를 향해 웃는다. 북한에 충성을 다하기로 결정하고 평생을 다 바쳤던 어머니와 아버지, 영문도 모른 채 북한으로 보내져야 했던 오빠들, 하고 싶은 일을 더 잘하기 위해 조선적이 아닌 대한민국 국적을 택하고 싶은 감독. 하나의 가족 안에서 이념과 사상은 갈라진다.

감독은 자신의 가족이라는 사적인 소재를 통해 이데올로기에 질문을 던진다. 영화는 아버지와의 대화로 시작되고 아버지와의 대화로 끝난다. 오랜만에 부모님 댁에 방문한 감독은 카메라를 들고 아버지에게 세뱃돈을 드린다. 그러자 아버지는 어서 조선인과 결혼하라는 덕담을 한다. 감독이 어떤 조선인을 말하는 건지 묻자, 아버지는 어떤 남자든 사랑하는 사람이면 되지만 미국 놈과 일본 놈은 안 된다고 선을 긋는다. "조선 사람이어야 좋다"고 말이다. 감독은 카메라를 들고 평양에 가족 방문 목적으로 단기체류하면서 오빠들을 만나고 이후 아버지의 칠순 잔치를 위해 어머니와 아버지를 모시고 평양에 방문한다.

아버지는 점차 노쇠해지고 병상에 눕게 된다. 아버지가 갑자기 쓰러지기 며칠 전 감독은 묻는다. 조선적을 유지하고 있어 출국할 때마다 재입국허가서를 받아야 하는 것이 불편하다고, 한국 국적을 취득해도 되느냐고 말이다. 예상과는 달리 아버지는 그래도 괜찮다고, 타협해도 된다고 말한다. 조선 국적을 지키는 것은 집안의 법과도 같은 일이었는데, 예기치 못했던 아버지의 대답에 감독은 가족이 평생 지키고자 했던 이데올로기가 정말로 무엇이었는지 질문을 던진다.

*

사유는 다음 작품으로 확장된다. 「디어 평양」이 아버지를 주인공으로 했다면 2021년 제13회 DMZ국제다큐멘터리영화제 국제경쟁 부문에서 대상을 수상한 작품 「수프와 이데올로기」에서는 어머니를 중심으로 하여 수프와 이데올로기의 상관관계에 대해 질문한다. 전자가 아버지를 이해하는 과정을 통해 이데올로기로 흩어졌던 가족을 이해하는 과정이었다면, 후자는 서로 다른 이데올로기를 가지고 있어도 함께 살아갈 수 있음을 보여준다.

「디어 평양」에서 감독의 아버지는 조선 사람과 결혼해야 한다고 말한다. 그런 양영희 감독에게 사랑하는 사람이 생긴다. 결혼까지 생각하는 상대다. 아버지는 한국 사람이거나 조선 사람이어야 한다고 했지만 감독이 데리고 온 이는 조선말도 못하고 김치는 조금 먹을 수 있는 일본 사람이다. 아버지가 살아 계셨더라면 어떻게 말씀하셨을지 궁금한 감독은 떨리는 마음으로 어머니에게 애인을 소개한다. 어머니는 시장에서 닭 한 마리를 사와 마늘을 넣어 푹 끓인 닭백숙을 대접한다. 귀한 손님이 오시면 닭 한마리를 잡아 대접하던 한민족의 문화다. 가족과 음식이라는 개별적이고 개인적 매개인 밥상 앞에 역사적 갈등은 멈춘다. 일본인 사위는 절대 안 된다고 했던 재일조선인 1세 어머니와 국적이 무엇이든 상관없다고 주장해온 재일조선인 2세 감독, 남편이자 본 영화의 프로듀서가 된 일본인 가오루가 하나의 밥상 앞에 앉아 백숙을 나누어 먹는다.

감독은 카메라를 들고 어머니를 좇는다. 알츠하이머를 앓게 되면서 병상에 눕게 된 어머니는 제주 4·3에서의 경험을 고백한다. 감독이 평생 들어보지 못했던 이야기다. 유년 시절 친척들이 맞아죽는 광경을 보고 동생들과 먼 길을 걸어 밀항선을 타고 오사카로 돌아왔다는 어머니는 알츠하이머가 진행되면서 일본 땅에 없는 아들의 이름을 부르기도 하고 어린 시절의 영희에게 말을 걸기도 하고 제주 4·3을 떠올리기도 한다. 가오루는 어머니가 끓여주셨던 닭백숙의 맛을 똑같이 내보겠다며 백숙 끓이는 연습을 한다. 감독은 어머니와 함께 제주 4·3 70주년 희생자 추념식에 참석하기 위해 제주를 찾는다. 그런 제주에서 어머니는 더 이상 기억을 꺼내놓지 않는다.

영화는 재일조선인 문제라고 하는 것이 재일조선인만의 문제가 아니라 한반도의 문제이며 역사임을 정확하게 '연결'한다. 이념과 이념이 부딪쳤던 제주 4·3을 통해 가족과 친척을 잃고 고향을 등져야 했던 이들이 북한의 사회주의 이념을 선택할 수밖에 없었음을 보여준다. 그렇게 그들은 일본열도에서 재일조선인이라고 하는 사회를 만들고 북한을 조국으로 선택하면서 자신만의 공동체를 이루려고 했던 것이다.

감독은 분단되어 있는 한반도에서는 다소 민감하고 다루기 복잡한 재일조선인의 존재와 이념 및 사상이라는 소재를 당사자성을 기반으로 하여 꺼내놓는다. 이념 갈등에 갇혀 말하지 못했던 사안을 끈질기게 다루어 완성해낸다. 수프(집밥)와 이데올로기는 분리 가능하다는 결론에 이른다.[•] 평생을 북한에 있는 가족들을 뒷바라지하며 고생한 어머니를 이해할 수 없었던 감독은 영화를 만드는 행위를 통해 어머니와 그의 이데올로기를 이해해낸다.

재일조선인 저술가 서경식은 저서 『난민과 국민 사이』에서 "재일조선인의 경험은 조선인 전체의 역사적 경험을 이루는 중요한 한 부분"이라고 쓴다. "재일조선인이 스스로 경험한

---

• 남상욱 「돌보는 자가 과거를 상속한다: 영화 「수프와 이데올로기」를 보고」, 『창비주간논평』 2022년 11월 1일.

차별이나 소외의 원인을 깊이 파악하여 그에 저항하는 과정 속에서 자기를 표명해간다면, 그 투쟁은 탈식민화와 분단의 극복이라는 과정 속에서 투쟁해온, 본국이나 다른 지역의 동포들과 서로 연결될 것"이며 이는 "제국주의와 식민주의가 우리들에게 희생을 강요한, 이 근대라는 시대를 통째로 극복하려는 공동의 투쟁"이라고 말이다.

　　사적 영화로 이념과 사상에 질문을 던지고 기존의 이데올로기를 부수고 새로운 세계를 만들어내는 작품을 더 많은 사람들과 함께 보고 싶다. 어쩌면 우리는 경계에서 우리 자신을 더 정확하게 인식할 수 있을지도 모른다.

# 내 이야기는 사소하지 않습니다

내 영화가 '사적 다큐멘터리 영화(Personal Documentary Film)'●
로 불리는 게 싫었다. 영화면 영화지 왜 꼭 굳이 '사적'이면서
동시에 '다큐멘터리' 장르의 영화라고 콕 집어 호칭하는지 의
문이었다. 극영화는 극영화가 아닌 '영화'라고 부르면서 극영
화가 아닌 다른 장르의 경우 왜 '애니메이션', '다큐멘터리' 등의
하위 장르로 분류하는지 알 수 없었다. 알게 모르게 기분이 나
빴던 이유는 이런 질문을 함께 받았기 때문이다.

"언제쯤 극영화를 해볼 생각이세요?"

논픽션 장르가 좋아 논픽션 영역에서 글을 쓰고 영화를 만

---

● 개인적인 경험을 1인칭의 시선으로 전개하는 다큐멘터리 영화.

드는 나는 픽션 장르의 글을 쓰거나 영화를 만들 생각이 아직까지는 없다. 내게 논픽션은 거쳐가는 중간 지점이 아니라 세상에서 가장 흥미로운 도구이자 매체인데 사람들은 순문학에 해당하는 소설을 써볼 생각은 없는지 극영화를 만들 생각은 없는지 물었다. 그럴 때마다 되물었다.

"극영화를 만드는 감독에게 언제쯤 다큐멘터리 영화를 제작할 생각인지 묻기도 하나요?"

'사적 영화'라는 말은 주로 '사적 영화를 만드는 여성감독'이라는 표현과 함께 사용되었기에 어쩐지 찜찜했다. 사적 영화를 연출한다고 하면 감독 자신 혹은 감독의 가족을 주인공으로 하여 접근하기 용이한 소재를 다룬다는 평을 들었다. 거시적이고 정치적인 사안을 다루기보다 개인적이고 미시적이라고 말이다. 한국에서 미투 운동이 벌어지기 전의 일이다.

2016년 한국 영화계 안에서 #영화계_내_성폭력 해시태그를 중심으로 여성이 겪는 성차별적인 경험과 사건을 고발하기 시작할 때 여성감독이 제작하는 사적 다큐멘터리 영화에 대한 폄하 및 폄훼 문제가 수면 위로 드러났다. 한국전쟁 당시 한국군이었던 친할아버지와 인민군이었던 외할아버지 사이에서 태어나 고향으로 돌아가지 못하고 끝내 목숨을 끊었던 외할아버지의 죽음을 사적 다큐멘터리 영화 형식으로 좇는 작품「그날」을 만든 정수은 감독은 영화 제작 과정에서 계속해서 자신의 작품이 '사적 다큐'라는 이유로 폄하당하는 경험을 했다고 고백한다. "처음 다큐멘터리를 작업하는 신진 감독들이나 여성 감독에 의해 만들어지는 사적 다큐멘터리에 대해 정형화되고 고립된 시선들이 존재한다"●고 말이다. 정수은 감독과 함께 '두 번째 영화, 찍을 수 있을까?'라는 여성 신진 감독 모임을 만들어 활동한 남순아 감독은 유독 여성감독의 다큐멘터리 영화들이 사적 다큐멘터리 영화로 분류되면서 다양한 사회적 담론과 연결되지 못한 채 고립되고 있는 현실에 대해 지적하며 "사적 다큐멘터리라는 분류는 젠더화되어 있으며, 은연중에 그 다큐멘터리가 말하고자 하는 것을 '덜 중요한 것' '사소한 것'으로 만든다"●●고 쓴다.

한국 다큐멘터리 영화계 안에서 '사적 다큐'라고 분류되는 영화들이 양적이고 질적인 성장을 하던 2010년대 중반에는 영화진흥위원회의 제작지원사업을 비롯해 몇몇 영화제의 심사평으로 사적 다큐가 많아지고 있다는 점이 우려스럽다는 평이 심심찮게 올라왔다. 물론 개인적인 이야기를 사회적인 담론으로 이어내지 못하고 자기 자신의 내면에만 골몰하거나 개인

---

● 정수은 「우리가 말하는 우리의 영화 -사적 다큐멘터리, 제작자의 입장에서」, 2017년 DMZ다큐멘터리영화제 포럼 '사적 다큐, 개념의 재전유와 현재적 흐름'에서의 발제문, 2017.
●● 남순아 「영화감독이 아닌 '어린 여성'으로 불릴 때」, 일다, 2016년 10월 22일.

의 경험만을 늘어놓는 사적 영화만이 양적으로 팽창한다면 문제일 테다. 그러나 기술의 발전으로 카메라가 소형화되고 영화 제작 환경이 간소해짐에 따라 여성, 장애인, 노약자, 성소수자, 유색인종을 비롯한 사회적 소수자들이 카메라를 들게 되면서 주류 매체에서 다루지 않는 자신의 이야기를 비로소 해낼 수 있게 되었다. 나와 가족에 대한 이야기를 촬영하며 가부장제에 저항하는 여성감독의 이야기, 성소수자로서의 정체성을 드러내는 작품, 유색인종으로서 언어와 문화를 넘나드는 여정, 장애인이자 노약자의 시선을 기반으로 새로운 시각을 보여주는 창작물이 쏟아졌다.

비단 영화뿐만이 아니었다. 문학, 연극, 미술을 비롯한 여러 예술 장르에서 지극히 개인적인 경험을 1인칭의 시선으로 전개하는 작품들이 배출되었다. 그동안 목소리를 내지 못했던 사회적 소수자들이 당사자성을 바탕으로 목소리를 높이면서 예술적 발화를 해내는 순간이었다. 기존의 가부장적이고 남성 중심적인 시선을 답습하는 작품에 대해서는 우려스럽다는 평을 하지 않던 이들이 유독 (신진 여성감독이 주로 제작하는) 사적 다큐가 많아져 걱정이라거나 출품된 사적 다큐의 양이 줄어든 것에 대해 긍정적으로 평가한다는 말은 여성창작자로 하여금 자신의 작품을 끊임없이 의심하게 했다.

나 또한 농인부모의 세상을 청인 자녀이자 감독의 시선으로 다루는 영화를 만들면서 사적 영화가 많아져 문제라는 이야기를 종종 들었다. 남성감독이 만든 영화에 대해서는 '사적 다큐'라고 호명하기보다는 자신의 이야기로부터 출발하여 사회적이고 거시적인 담론을 다루는 영화라고 말했고, 가부장제에 저항하는 페미니즘이나 장애, 성소수자 담론을 다루는 영화는 '사적 다큐'라고 분류하며 쉽고 간편한 소재라고 평했다. 그럴 때마다 기분이 나쁘고 불쾌했지만 어떻게 반론을 제기해야 할지 알 수 없었다. 말 그대로 언어가 없었다. 사적 영화로 분류되는 나의 영화가 작고 사소하고 하찮게 여겨질 때마다 나도 모르게 고개를 숙였다. '사적 다큐멘터리 영화'라는 이름으로 내 영화를 분류하고 싶지 않았다. 내 영화는 그렇게 하찮은 영화가 아니니까.

*

「극사적 에로스」는 사적 영화가 체제에 대한 질문을 던지는 데 매우 적합하고 적절한 도구가 될 수 있음을 보여주는 작품이다. 영화는 아주 사적인 사랑에 대해 이야기하고 있음을 제목 자체로 내걸고 있다. 원제목은 '極私的ェロス·戀歌1974'로 한글로 옮기면 '지극히 사적인 에로스: 연가 1974'가 된다. 에로스는 사랑의 종류 중에서 열정적이고 육체적인 사랑을 의미한

다. 영화는 페미니스트이자 감독의 전 파트너였던 다케다 미유키가 아들을 데리고 오키나와에 가서 살 테니 그 여정을 촬영하라는 편지로부터 출발한다.

감독 하라 가즈오와 주인공 미유키는 3년을 함께 살았다. 그러던 어느 날, 미유키가 남자를 돌보고 싶지 않으며 혼자 살아가겠다고 선언하며 생후 3개월 반이 된 아들을 데리고 집을 나간다. 미유키는 1970년 일본에서 시작된 우먼리브 운동(Women's Liberation Movement)을 주도했던 여성인권단체 우먼리브에서 활동하고 글을 쓰는 활동가다. 감독은 전 파트너와 아들과의 관계를 지속하기 위해 도쿄와 오키나와를 오가며 영화 찍기를 선택한다.

미유키는 혼혈아를 낳고 싶다며 주일 미군을 만나 아이를 가지는 데 성공한다. 이에 감독에게 혼자 힘으로 아이를 낳을 테니 그 과정을 찍으라고 편지를 보낸다. 당시 감독은 영화의 프로듀서인 고바야시 사치코와 연인관계였는데 영화 중반에 고바야시를 캐릭터로 등장시킨다. 감독도 카메라를 든 촬영자이자 미유키의 전 파트너이자 현재는 고바야시의 파트너로 출연한다. 영화는 미유키가 오키나와에서 새롭게 만들어가는 가족의 형태를 좇으며 등장인물 간의 관계성을 통해 가부장제에 대한 질문을 던진다.

처음 이 영화의 시놉시스를 들었을 때의 충격과 의심을 기억한다. 남성감독이 카메라를 들고 헤어진 전 여성 파트너가 오키나와에서 다른 여성 파트너와 함께 가족을 이루는 과정을 찍으며 출산과정까지 보여준다는 이야기를 들었을 때 나는 보고 싶지 않다며 고개를 저었다. 남성의 성적 시선에 대상화되는 여성의 신체가 떠올랐고 그렇다면 절대 보고 싶지 않은 영화라고 지레짐작했던 탓이다. 그러나 영화는 예상과는 정반대였다. 새로운 가족의 형태를 만들겠다고 선언한 페미니스트 미유키가 시작한 영화였으며 고바야시라는 또 다른 페미니스트이자 제작자가 공동으로 창작해낸 창작물이었다.[•]

미유키는 당시 미군을 상대로 성노동을 하는 여성들이 살고 있는 오키나와에서 성적인 몸을 드러내는 동시에 아이를 키우고 낳는 몸으로 지낼 수 있는 공간에 살기를 스스로 선택한다. 감독은 그의 여정을 시네마 베리테(Cinéma Vérité)[••] 형식으로 담는다. 시네마 베리테는 단지 사건을 기다리며 관찰하는 태도에 머무는 것이 아니라 인위적으로 사건이나 상황을 유발시키고 그 과정을 통해 삶의 진실을 보여줌으로써 현실의 직접성을 추구하는 장르로, 카메라를 적극적으로 드러낸다는 특징이 있

---

[•] 나카네 와카에(中根若惠) 「作者としての出演女性: ドキュメンタリー映畵『極私的エロス・戀歌1974』とウーマン・リブ」, 『JunCture : 超域的日本文化硏究』 7, 名古屋大學大學院文學硏究科附屬日本近現代文化硏究センター, 2016.
[••] 대표작으로 「어느 여름날의 연대기(Chronicle of a Summer)」(장 루슈·에드가 모랭 감독, 1961)가 있다.

다. 관객은 카메라의 존재를 의식하게 되고, 촬영되는 대상도 카메라를 의식하며, 때때로 감독 본인이 화면에 등장해 서술의 주체이자 대상이 되기도 한다. 영화 「극사적 에로스」에 등장하는 사회적 배우들은 스스로 제작자가 되어 영화의 방향을 이끈다. 카메라 앞에서 미유키는 절대 대상화되지 않는다. 감독도 카메라 앞에서 마이크를 든 채로 미유키와 대화를 하다 눈물을 흘리거나 등장인물의 의지대로 영화를 만들면서 스스로의 남성성과 감독이라는 위치가 가지는 위계를 내려놓는다.

영화는 미유키의 몸을 주체적으로 보여준다. 모든 장면은 등장인물인 미유키의 결정이자 요청으로 촬영된다. 성관계를 할 때의 자신의 얼굴을 보고 싶으니 위에서 카메라를 들고 자신의 얼굴을 찍으라는 요청에 의해 미유키의 얼굴과 몸이 보여진다. 그 누구의 도움도 없이 스스로 출산을 해내겠으니 그 과정을 찍으라는 요청에 의해 출산과정이 보여진다. 스트립 바에서 일하고 있으니 춤을 추는 모습을 찍으라는 요청에 의해 반라의 몸으로 춤을 추는 모습이 보여진다. 이 장면들이 남성감독의 결정에 의해 연출되고 촬영된 것이라면 문제적이겠지만 이 순간들은 모두 여성의 몸을 다른 방식으로 사용하고 영화라는 도구를 통해 보여주기를 선택한 미유키의 요청에 의해 만들어진다. 고바야시 또한 마찬가지다. 제작자로서 영화를 제작해 낼 뿐 아니라 내러티브 속에서 한명의 등장인물이 되어 우먼리

브의 활동가들이 모여사는 공동체에서 아이를 출산하고 그 과정을 촬영할 것을 제안한다. 아이를 낳을 뿐 키우지 않겠다고 선언하기도 한다. 이를 두고 나카네 와카에는 "여성의 경험을 둘러싼 사회적 관례에 도전"[*]하는 행위라고 말한다.

영화에는 결혼과 이혼이라는 단어가 등장하지 않는다. 가부장제하에서 '몸'을 도구로 하여 기존의 관습과 체제를 깨려는 시도만이 존재한다. 영화 후반부에 미유키는 도쿄에 위치한 감독의 집에서 아이를 낳는다. 간호사도 의사도 없다. 다리를 벌린 미유키가 만삭의 몸으로 진통을 겪는다. 고바야시는 마이크를 들고 옆에서 소리를 녹음한다. 감독은 뷰파인더를 통해 지켜본다. 출산의 과정이 길어지면서 카메라의 초점은 흐려진다. 감독은 이를 알아채지 못한다. 흐려진 초점 사이로 질이 벌어지면서 천천히 아이의 머리가 보인다. '정말로 출산과정을 이렇게 가감 없이 보여준다는 말이야?'라는 생각이 끝도 없이 든다. 집에서 아이를 홀로 낳아도 안전할지, 감독과 제작자는 카메라와 마이크를 들 뿐 정말로 아무것도 하지 않는 것인지 복잡한 생각이 들 정도다.

둘은 미유키의 몸을 만지거나 안지 않는다. 끝까지 영화를 만드는 역할에 집중한다. 미유키는 아이를 낳는 자신의 역할을

---

[*] 나카네 와카에, 같은 글.

수행한다. 진통의 시간을 지나 질 안에서 아이의 몸이 끝까지 빠져나온다. 둘째가 탄생하는 순간이다. 아이와 미유키의 몸은 탯줄로 연결되어 있다. 미유키는 태반이 나와야 한다며 아이를 바닥 위에 그대로 둔다. 감독 혹은 제작자가 기쁨과 감격에 찬 얼굴로 아이를 안을 법도 하지만 그런 장면은 나오지 않는다. 미유키는 태반이 나온 후에 스스로 몸을 일으켜 아이를 씻긴다. 카메라는 자력으로 아이를 낳을 것이며 그 과정을 온전히 촬영하라는 요청을 그대로 행한다. 미유키는 도움을 필요로 하는 몸이 되지 않고 모든 과정을 스스로 수행하는 새로운 몸을 보여줌으로써 가부장제를 정확하게 뒤엎는다.

질문은 이어진다. 미유키는 우먼리브가 만든 공동체에서 누구의 아이든 상관없이 아이를 키우는 공동육아를 시도한다. 그곳에 가부장은 없다. 1920년대의 제1물결 여성주의 운동이 여성의 참정권 획득 및 법적·사회적 권리를 요구했다면, 이 영화가 촬영된 1970년대의 제2물결 여성주의 운동은 사회적이고 전통적인 관례에 질문을 던졌다. 영화 「극사적 에로스」는 그런 맥락에서 의도적으로 제작되고 상영된 작품이다.

*

지극히 사적이라고 여겨졌던 여성의 몸을 당당하게 내보

이면서 영화라는 도구를 통해 어떤 것이 보여져야 하는 것이고 어떤 것이 숨겨져야 하는 것인지에 대한 기존의 관습과 체제에 질문을 던지는 이 영화는 '사적 영화'에 대한 의심과 편견, 폄훼를 거둔다. 김옥영 작가는 "좋은 다큐멘터리는 '좁은 창구멍을 통해 넓은 세계를 내다보는 것'"이며 "지극히 개인적인 소재를 다룬다 하더라도 '나'의 현실이 얼마나 '우리 모두의 현실'을 환기할 수 있느냐, 얼마나 문제의식을 확장할 수 있느냐에 그 성취가 달려 있다"[•]고 쓴다. 김소희 평론가는 사적 다큐멘터리 영화에 대한 편견을 지적하며 '나의 작품은 사적이지 않다'고 주장하는 여성 신진 감독들의 입장에 대해 사적 다큐멘터리 영화는 "단순히 정치적인 의미를 선취하는 데 매달려야 하는 것이 아니라 오히려 정치성이 생성되는 과정에 관해 면밀한 성찰이 수반된 작업이어야 한다"[••]고 말한다. "자신의 이야기를 꺼내놓는 것, 그것만으로는 부족하다. 거대한 범주나 담론에 휘둘리지 않고 자신만의 방법론을 개척하는 좋은 사적 다큐멘터리가 우리에게 여전히 필요하다"[•••]고 말이다.

이제는 안다. '사적 다큐멘터리 영화'라는 형식적인 분류

[•] 김옥영 「사적 다큐는 폄훼되어야 하는 것인가?」, 다큐매거진 DOCKING, 2021년 9월 27일.
[••] 김소희 「자기 기록의 가치는 어디에서 비롯되는가? : 오늘날의 사적 다큐멘터리에 관한 짧은 생각」, 『한국 다큐멘터리: 확장과 발견』, 2017 영화비평포럼.
[•••] 김소희, 같은 글.

로 나의 영화의 가치를 폄훼할 수 없다는 것을. 애정하고 지지하는 사적 영화가 관습과 체제라는 어렵고 복잡하고 감히 건들 수 없는 것처럼 여겨지는 개념을 가장 거세게 흔들 수 있는 도구가 충분히 될 수 있다는 걸 말이다.

# 이 책에서 다루는 작품들의 목록

| 디아스포라로서의 코다 | 「차별」, 김지운·김도희 감독, 2021 |
| | 서경식 『디아스포라 기행』, 김혜신 옮김, 돌베개 2006 |

| 미등록 이주아동과 코다 | 은유 『있지만 없는 아이들』, 국가인권위원회 기획, 창비 2021 |
| | 「도쿄의 쿠르드족」, 후미아리 휴가 감독, 2021 |

| 아프면서도 건강하다 | 하미나 『미쳐있고 괴상하며 오만하고 똑똑한 여자들』, 동아시아 2021 |
| | 흥칼리 『신령님이 보고 계셔』, 위즈덤하우스 2021 |

| 잘 듣고 말하고 보기 | 「하얀 새(白い鳥)」, 미요시 다이스케(三好大輔)·가와우치 아리오(川内有緒) 감독, 2021 (시어터포올 온라인 배급) |

| 다시 태어나도 나의 자녀로 태어나줘 | 「도가니」, 황동혁 감독, 2011 |
| | 「학교 가는 길」, 김정인 감독, 2020 |
| | 앤드류 솔로몬 『부모와 다른 아이들』, 고기탁 옮김, 열린책들 2015 |

| 지도를 제시하는 언어 | 「버스를 타자!: 장애인 이동권 투쟁보고서」, 박종필 감독, 2002 |
| | 홍은전·홍세미·이호연·이정하·박희정·강곤 『집으로 가는, 길』, 오월의봄 2022 |

| 시점과 당사자성의 힘 | 「리틀 팔레스타인, 포위된 나날들」, 압달라 알카티브 감독, 2021 |
| | 「사마에게」, 와드 알카팁·에드워드 와츠 감독, 2019 |

| | |
|---|---|
| 시점과 당사자성의 힘 | 스베틀라나 알렉시예비치 『전쟁은 여자의 얼굴을 하지 않았다』, 박은정 옮김, 문학동네 2015 |

## 2부 나와 우리가 만드는 세계

| | |
|---|---|
| 이야기가<br>세상과 만나는 곳 | 어딘 『활활발발』, 위고 2021 |
| 역사가 된 가족사진 | 미리내 『보통이 아닌 날들』, 양지연 옮김, 사계절 2019 |
| | 김옥영 『다큐의 기술』, 문학과지성사 2020 |
| 기쁘게 저항하는 기술 | 김현미 『페미니스트 라이프스타일』, 줌마네 기획, 반비 2021 |
| 결혼이라는 실험 | 「박강아름 결혼하다」, 박강아름 감독, 2019 |
| | 프리드리히 엥겔스 『가족, 사유재산, 국가의 기원』, 김대웅 옮김, 두레 2012 |
| 영 케어러와 코다 | 조기현 『아빠의 아빠가 됐다』, 이매진 2019 |
| | 시부야 도모코 『영 케어러』, 박소영 옮김, 황소걸음 2021 |
| | 시부야 도모코(澁谷智子) 『코다의 세계(コーダの世界)』, 醫學書院 2009(국내 미출간) |
| | 더 케어 컬렉티브 『돌봄 선언』, 정소영 옮김, 니케북스 2021 |
| 세상을 바꾸는 여성들 | 장영은 『여성, 정치를 하다』, 민음사 2021 |
| | 「세상을 바꾸는 여성들」, 레이철 리어스 감독, 2019 |

206

| | |
|---|---|
| **왜 세상은 미래세대가 구해야 하죠?** | 「그레타 툰베리」, 나탄 그로스만 감독, 2020 |
| **가장 사적이고 가장 정치적인** | 「고독의 지리학」, 재클린 밀스 감독, 2022 |
| **바깥에서 비로소 보이는 것들** | 정영환 『해방 공간의 재일조선인사』, 임경화 옮김, 푸른역사 2019 |
| | 「디어 평양」, 양영희 감독, 2005 |
| | 「수프와 이데올로기」, 양영희 감독, 2021 |
| | 서경식 『난민과 국민 사이』, 이규수·임성모 옮김, 돌베개 2006 |
| **내 이야기는 사소하지 않습니다** | 「그 날」, 정수은 감독, 2016 |
| | 「극사적 에로스」, 하라 가즈오 감독, 1974 |

\* 이 책의 원고 중 일부는 2021년 1월부터 2022년 7월까지 경향신문 「이길보라의 논픽션의 세계」에 연재했던 글입니다.

# 고통에 공감한다는 착각

초판 1쇄 발행 / 2023년 2월 10일
초판 3쇄 발행 / 2024년 3월 13일

지은이 / 이길보라
펴낸이 / 염종선
책임편집 / 최지수 이정주
조판 / 박지현
펴낸곳 / (주)창비
등록 / 1986년 8월 5일 제85호
주소 / 10881 경기도 파주시 회동길 184
전화 / 031-955-3333
팩시밀리 / 영업 031-955-3399 편집 031-955-3400
홈페이지 / www.changbi.com
전자우편 / human@changbi.com

ⓒ 이길보라 2023
ISBN 978-89-364-8691-4 03300